KB133984

똑똑한
장사

똑똑한 장사

초판 1쇄 인쇄 2024년 6월 27일
초판 1쇄 발행 2024년 7월 5일

지은이 부자비즈
펴낸곳 부자비즈
펴낸이 이경희

주소 서울시 강남구 강남대로 156길 20 1층, 6층
전화 02) 716-5600
이메일 contact@buza.biz

구입처 굿모닝미디어
출판등록 1999년 9월 1일 제10-1819호
주소 서울 마포구 동교로 50길8 201호
전화 02) 3141-8609
이메일 goodmanpb@naver.com

ISBN 978-89-89874-48 5 03320

• 이 책의 수익금은 전액 소상공인 지원비용으로 사용됩니다.

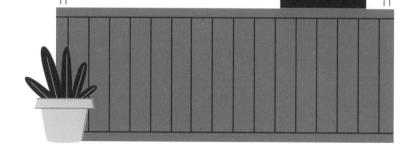

디지털 전환시대 골목상권 성공 비법

똑똑한 장사

부자비즈 지음

BUZA.biz

코로나 기간에 아들과 딸의 월급으로 적자를 메꾸면서 버티던 서울 종로의 콩나물국밥집이 있다. 코로나가 끝나면 좋아질 거라고 기대했지만 이후에도 어려움은 여전했다. 한식당의 열악한 근무 환경으로 구인난이 심했기 때문이다. 무거운 뚝배기를 들고 날라야 하니 한창 일하다가 그만두고 나가는 직원도 있었다.

그러던 중 매장 고객을 통해 중소벤처기업부와 소상공인시장진흥공단이 추진하는 '스마트상점 기술보급사업' 정보를 듣고 신청했지만 기술 도입비에 대한 부담으로 부부간 의견이 달라 다투기까지 했다.

스마트기술의 효과가 미덥지 않기도 했고, 코로나 기간에 받은 대출을 다 갚지 못했는데 금리도 올라 기술 도입에 들어가는 자부담비가 부담됐기 때문이다.

하지만 사업에 선정돼 테이블오더를 도입한 후 부부는 날아갈 것처럼 행복했다고 한다. 주문의 정확도가 높아지고 근무 환경이 개선되니 구인난 걱정도 크게 덜 수 있었다. 또 주문/결제에서 해방되니 여사장은 주방과 홀의 일손을 도우며 날아다녔다. 이제는 서빙 로봇 도입까지 고려하고 있다.

많은 소상공인들이 코로나 기간에 대출로 버텼다. 하지만 팬데믹이 끝난 후에는 코로나보다 더 무서운 악재들이 기다리고 있었다. 임금인상을 무색하게 하는 구인난과 고금리, 소비위축과 인구절벽이다.

스마트기술은 이런 소상공인들에게 큰 힘이 되고 있다.

스마트기술 도입을 통해 유인과 무인을 병행하는 24시간 매장으로 탈바꿈해 매출을 높인 사례도 있고, 바닷가 식당의 구인난을 테이블오더로 해결한 사례도 있다. 태권도장에서 전자 겨루기 시스템을 도입해 학생들의 학습 흥미를 높이고, 새로운 프로그램을 만들어서 매출을 높인 소상공인도 있다. 꽃집에서 무인 자판기를 도입해 심야에도 꽃을 팔 수 있게 되었으며, 로봇이 서빙하는 장어집으로 인기를 얻는 식당도 있다. 외진 자리에서 구인난으로 어려움을 겪던 고깃집이 서빙 로봇과 테이블오더를 도입해 문제를 해결한 사례도 있다. 독특한 이벤트 사진과 영상을 디지털 사이니지에 게시해 고객과 소통하는 식당, 키오스크와 디지털 사이니지를 도입해 내점 영업 강화로 매출을 두 배 올린 배달 식당도 있다.

중소벤처기업부와 소상공인시장진흥공단이 추진하는 '스마트상점 기술보급사업'에 참여한 소상공인들은 스마트기술 도입이 경영의 어려움을 이기는 데 큰 힘이 되었다고 입을 모은다.

중소벤처기업부와 소상공인시장진흥공단이 시행한 '2023년 스마트상점 기술보급사업' 서울·인천·강원권역 참여 소상공인들의 똑똑한 장사 이야기를 들어본다.

7장

갈수록 늘어나는 무인 매장의 필수품, 스마트기술

8장

1인 매장을 행복하게 해준 스마트기술

1장

로봇 도입하니 모두가 행복해요

1

고깃집에
로봇을 도입했더니 일어난 일
중계고기파티

상호	지역	규모	창업	도입 기술
중계고기파티	서울 중계동	45평	2016년	서빙로봇, 테이블오더

도입 효과

직원 이직률 감소,
능률 향상, 쇼잉 효과

코로나 팬데믹 이후 음식점 운영에서 가장 힘든 것은 구인난과 영업 이익 감소다. 특히 인구 감소와 힘든 일 기피 현상으로 인해 직원 구하기가 하늘의 별 따기만큼이나 힘들어졌다.

서울 중계동에 위치한 〈중계고기파티〉도 상황은 비슷했다. **20대 청년 아르바이트생들은 힘든 고깃집 업무를 이어가지 못했다.** 식당 위치가 지하철역에서 한참 떨어진 곳에 있다 보니 일할 사람 찾기도 매우

힘들었다.

그랬던 〈중계고기파티〉에 변화가 찾아왔다. 〈중계고기파티〉를 운영하는 임상용 사장(51)이 구인난과 직원 운용 스트레스에서 벗어났다. 2023년 여름, 매장에 도입한 서빙로봇과 테이블오더 덕분이다.

사업장 디지털 전환으로 작업 동선이 50% 이상 감소해 고깃집의 근무 환경이 크게 개선됐다. 덕분에 이직도 줄었다. 근무 인력이 안정되면서 지역 맛집으로 자리 잡아 매출도 코로나 이전 수준을 회복했다. 〈중계고기파티〉의 성공비결은 무엇일까?

20년간 IT 개발자로 일하다 퇴직하고 고깃집 창업

〈중계고기파티〉를 운영하는 임상용 사장은 전자공학을 전공했다. 금융회사에서 IT 개발자로 20년간 일하다가 퇴직했다. 2015년 직장을 그만두고 임 사장이 택한 것은 창업이었다. 당시 유행하던 저가 고깃집 프랜차이즈 가맹점으로 출발했다. '고깃집은 기본만 하면 망할 일이 없다'는 얘기를 많이 들어서 고깃집을 택했다.

식당 경영 경험이 없어 프랜차이즈를 선택했는데 결과는 기대와 달랐다. 가격은 저렴한데 수익성이 나빴다. 더구나 저렴한 가격에 이끌려 처음 매장을 찾았던 고객들이 재방문하지 않고 점점 발길을 끊었다. 고기 질이 낮아 맛이 없다는 평가도 이어졌다.

영업 부진으로 1년 반 만에 업종을 전환해야 했다. 프랜차이즈는

똑똑한 장사

경영에 자율권이 없어 가맹점을 포기하고 프리미엄 고깃집 독립 매장으로 리모델링했다. 기존의 식당 시설은 대부분 살리고 인테리어만 조금 변경했는데 1천만 원 정도 들었다. 2016년 11월 〈중계고기파티〉를 오픈했다.

프리미엄 고기집 전환 후 재방문률 50%로 껑충

독립 매장은 가맹점 운영사업과 달라 고기와 식자재 거래처 발굴부터 메뉴 개발까지 직접 다 해야 했지만 마음은 편했다. 노력한 만큼 매출도 상승해 일에 대한 보람도 컸다. 저가 고깃집 가맹점을 운영할 때와 달리 재방문율이 50% 이상이라는 점도 고무적이었다. 음식 맛이 좋다는 반증이기 때문이다.

〈중계고기파티〉의 인기메뉴는 '황제소갈비살'과 '이베리코 흑돼지'다. 2~3일간 숙성고에서 숙성 과정을 거친 고기를 숯불에 굽는 것이 맛의 포인트이다.

업종 전환 후 매출이 안정되고 지역 맛집으로 자리 잡아가던 중 코로나19가 발생했다. 영업에 어두운 그림자가 드리워졌고 매출이 절반으로 떨어졌다. 궁여지책으로 배달을 하며 힘든 시간을 버텼다. 1년 정도 지나자 사회적 거리두기가 조금씩 해제되면서 매출도 회복되기 시작했다. 그런데 팬데믹 이후에는 구인난이 심화됐다. 손님이 오는데 응대할 직원을 구하지 못해 여간 스트레스를 받는 게 아니었다.

고깃집 사장의 최대 고민 '구인난'

장사가 잘되는데도 임 사장은 웃지 못했다. 직원들의 잦은 이직과 구인난으로 마음 편할 날이 없었다. **코로나19 이후 힘든 일을 기피하는 현상은 더욱 심해졌다. 특히 고깃집은 아르바이트생 기피 업종 1순위로 꼽혀 직원 구하기가 더 어려웠다.**

밤잠을 이루지 못하며 고민하던 임 사장은 평소 자주 이용하던 소상공인시장진흥공단 홈페이지에서 '스마트상점 기술보급사업'에 대한 정보를 접했다. 중소벤처기업부와 소상공인시장진흥공단이 시행하는 '2023년 스마트상점 기술보급사업'은 서빙로봇이나 테이블오더 같은 스마트기술을 도입하면 총비용의 70%를 정부가 지원해주는 사업이었다.

평소 서빙로봇에 관심은 있었지만, 가격이 비싸 엄두를 내지 못했던

임 사장은 간절한 마음으로 신청했다. 정부 지원금이 70%나 되기 때문에 경쟁률이 치열하여 선정에 반신반의했는데, 선정됐다는 통보를 받았다. 그동안의 고생을 보상받은 기분이었다.

좋아진 근무 환경으로 직원 이직률 감소

〈중계고기파티〉는 선도형 매장으로 선정돼 2023년 7월에 서빙로봇과 테이블오더를 도입했다. 최대 500만 원까지 지원해주는 일반형 매장과 달리 선도형 매장은 최대 1,500만 원까지 지원받을 수 있었다. 스마트기술 도입 후 가장 좋아한 사람은 직원들이었다. **서빙로봇이 반찬이나 추가 주문한 술과 고기를 운반하니 직원 동선이 50%나 줄어들었다.** 손님들도 서빙로봇을 신기하게 바라보고 재미있어했다.

테이블오더도 효과 만점이었다. 손님들이 직접 주문을 하니 직원들의 업무도 편해지고 주문 실수도 줄었다.

스마트기술의 효과를 가장 많이 볼 때는 직원들이 결근할 때다. 개인 사정으로 갑자기 못 나온 직원의 일을 서빙로봇과 테이블오더로 커버한다. 서빙로봇과 테이블오더가 직원 두 명 몫을 해낸다.

직원들의 근무 환경이 좋아지면서 매장 운영 효율도 높아지고 이직률이 감소했다. 여기에 쇼잉(showing) 효과까지 있어 스마트기술이 매장에 활기를 불어넣고 있다.

지역 사회와 동행하는 식당이 목표

임 사장의 경영철학은 '받은 만큼 돌려주자'는 것이다. 국비로 스마트기술 도입 지원 혜택을 받은 만큼 지역 사회에 귀감이 되는 좋은 식당이 되어야 한다고 생각한다.

코로나 이전에 했던 동네 어르신 초청 식사 대접도 다시 할 예정이다. 최종 목표는 사회적 기업이 되는 것이다. 선한 영향력을 행사하는 기업을 만들고 싶다. 무엇보다 임 사장은 〈중계고기파티〉 식당을 거쳐 가는 직원들과 손님들 모두 행복해지기를 바란다.

—— 이경희(부자비즈 대표 컨설턴트)의 원포인트 ——

4차산업혁명의 확산과 코로나 팬데믹, 초고령화 사회의 도래와 인구절벽은 소상공인의 사업 환경을 변화시키고 있다. 전통적인 영업 환경의 변화로 스마트기술 활용 능력은 소상공인의 사업 성패를 좌우할 만큼 중요해지고 있다.

아울러 디지털 원주민인 MZ세대들이 주요 소비층으로 부상하면서 소상공인 매장도 새로운 소비자의 니즈를 반영한 똑똑한 운영전략이 필요하다.

하지만 소상공인의 디지털 전환은 아직 초보적인 수준이다. 디지털 전환에 대한 인식이나 스마트기술 수용성이 낮아 본격적인 디지털 전환이 이루어지지 않고 있다.

중소벤처기업부와 소상공인시장진흥공단이 추진하는 '스마트상점 기술보급 사업'은 소상공인 디지털 전환의 마중물 역할을 하고 있다.

키오스크, 테이블오더 등 기본적인 기술 도입을 통해 성과를 확인한 소상공인들이 더 고도화된 스마트기술 도입 의사를 밝히고 있으며, 입소문으로 스마트 기술 도입 성과가 알려지고 있다.

현재는 아날로그의 디지털화 단계이지만 점점 데이터를 기반으로 한 정보 활용이나 디지털에 기반한 새로운 사업 모델이 등장할 전망이다.

또 디지털 전환이 일자리를 뺏는다는 일부의 우려와 달리 스마트기술이 근무 환경을 개선하고 노동의 질을 높여 더 행복한 일자리를 만드는 데 기여하고 있다. 경영 효율화를 통해 생산성을 높이고 판매를 촉진하는 데도 도움이 된다.

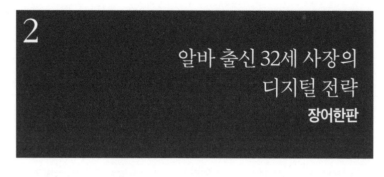

알바 출신 32세 사장의
디지털 전략
장어한판

상호	지역	규모	창업	도입 기술
장어한판	인천 서구 당하동	85평	2023년	서빙로봇

도입 효과

직원 능률 향상,
마케팅 및 홍보 효과

장어와 로봇은 왠지 어울리지 않을 것 같지만, 인천 검단에는 로봇이 서빙하는 장어집으로 인기를 얻는 곳이 있다. 〈장어한판〉이다. 〈장어한판〉 부평점과 검단점을 운영하는 박종재 사장(32)은 아르바이트하던 매장을 인수해서 사장이 됐다. 매장 인수 후 남다른 장사철학을 실천해 코로나 기간에도 재난지원금을 못 받을 정도로 장사가 잘됐다. 그렇게 번 돈으로 2023년 3월에는 85평 규모의 장어집을 추가로

오픈했다.

젊은 감각을 발휘해 온라인 마케팅도 잘하고, 2023년 8월에는 중소벤처기업부와 소상공인시장진흥공단이 시행하는 '2023년 스마트상점 기술보급 사업'에 참여, 스마트기술을 도입했다. 네이버 블로그에는 로봇이 장어를 서빙한다는 후기가 올라오는 등 홍보 효과도 톡톡히 누리고 있다. 장어 엑기스 판매와 더불어 장어 밀키트 출시를 준비하는 등 푸드테크에도 도전하고 있는 청년 사장의 성공비결은 무엇일까?

사장처럼 일하니 사장이 됐다

부천이 고향인 박종재 사장은 대학에서 호텔경영학을 공부했다. 군

제대 후 복학을 앞두고 아르바이트를 하게 됐는데, 그곳이 인천 부평에 있는 〈장어한판〉이다.

사업에 관심이 많았던 그는 장어 전문점에서 최선을 다해 일했다. 그렇게 열심히 일하는 직원이 예뻤던지 장어집 사장이 그에게 장어 손질법과 요리법을 알려줬다. 이후 더욱 열심히 했더니 사장은 그의 직급을 아르바이트생에서 실장으로 올려주며 몇 년간 일을 더 해보라고 권했다. 그렇게 4년을 열심히 일해온 어느 날, 사장이 박종재 실장을 불렀다. 사장은 자신이 다른 사업을 하게 됐으니 가게를 인수해서 맡아보지 않겠냐고 제안했다. 박 실장은 약간의 망설임도 없이 승낙했다. 4년을 일했기 때문에 사장보다 식당 일을 잘 알고 있어 경영에 자신이 있었다.

이렇게 박종재 사장이 2018년 9월 〈장어한판〉 부평점의 새로운 주인이 됐다. 인수비용은 보증금 포함해서 7천만 원 정도 들었다. 그는 사장이 된 후에도 열심히 일한 덕분에 2023년 3월에는 검단점을 추

똑똑한 장사

가로 오픈했다. 검단점 창업비용은 보증금을 포함해 1억6,000만 원
정도 들었다.

청년 사장의 원칙… '손질 장어 안 쓰기', '메뉴는 단순하게'

사장이 된 후 그는 원칙을 세웠다. '손질 장어는 안 쓰고 직접 장어를
손질한다는 것', '메뉴는 단순하게 하자'는 것이다.

〈장어한판〉은 국내산 장어를 공급받아 직접 손질해서 제공한다.
냉동을 쓰지 않고 냉장을 고집한다. 손질된 장어를 받아서 쓰는 것
과 매장에서 장어를 직접 손질하는 것의 가장 큰 차이는 신선도다.
또 다른 차이는 잔가시를 발라내는 것이다. 박 사장은 살을 조금 버
리더라도 가위로 많은 부위를 제거하는 편이다. 장어 무게는 줄어들
지만 잔가시가 씹히지 않게 최대한 손질한다. 덕분에 맛과 식감이 좋
아진다.

메뉴도 단순화했다. 장어소금구이, 장어양념구이, 장어탕 정도다.
가격은 부평점은 1킬로그램에 54,000원, 검단점은 1인분 250킬로그
램에 26,000원이다. 메뉴를 단순하게 구성한 것은 장어요리에 집중
하기 위한 전문화 전략이다. 검단점에서는 점심 메뉴로 장어덮밥을
판매하고 있다.

코로나 시기에도 매출이 오른 비결은?

2018년에 〈장어한판〉 부평점을 인수한 박 사장도 코로나 기간을 거
쳤다. 코로나 발생 초기에는 걱정도 많았으나 매출이 생각보다 크게

떨어지지 않았다. **오히려 재난지원금을 못 받을 정도로 매출이 잘 나왔다. 비결이 무엇일까?**

　우선 장어가 특수 음식이기 때문이다. 장어는 몸보신 음식이라 주기적으로 꼭 먹는 손님층이 있다. **또 다른 이유는 배달 덕분이다.** 코로나 이전에 비해 배달 객단가가 올라갔다. 평소에는 1킬로그램 주문이 많았으나 코로나 기간에는 3~4킬로그램씩 주문하는 경우가 많았다. 식당에서 못 먹으니까 집에서 가족끼리 즐기는 고객이 늘어난 덕분이다.

　코로나 팬데믹 이후에는 매출이 더욱 올랐다. 부평점의 경우 한여름 월 매출이 6,000~7,000만 원까지 나온다. 겨울철 비수기에도 월

4,000만 원 정도의 매출을 올린다.

고민거리였던 구인난을 해결한 비결

성공한 식당 사장에게도 고민거리는 있다. 박종재 사장의 고민은 직원 관리와 구인난이다. 〈장어한판〉의 직원은 부평점이 정직원 1명에 아르바이트생 2명, 검단점은 정직원 2명에 아르바이트생 3명 정도다. 아르바이트생은 20대 초반이 많은데, 갑자기 안 나오거나 그만두는 경우가 종종 있다. 박 사장 자신도 그런 시절을 겪었기 때문에 직원들의 마음을 이해하려고 노력한다. 갑자기 인력에 구멍이 나면 사장이 바빠진다. 서둘러 아르바이트생을 구하는 일도 쉽지 않다. 사장으로

서 난처하고 힘든 순간이다.

그런데 **스마트기술을 도입하면서 인력 관리 고민이 어느 정도 해소됐다.** 중소벤처기업부와 소상공인시장진흥공단이 시행하는 '2023년 스마트상점 기술보급사업'에 선정돼 서빙로봇 한 대를 도입했는데 로봇이 **직원 1명의 역할을 해주고 있다.** 서빙로봇은 주로 주류나 추가 반찬을 나른다. 서빙로봇 덕분에 직원들의 동선이 줄어들어 일의 효율도 높아졌다.

마케팅 효과도 있다. 손님들이 서빙로봇을 찍어 자신의 SNS에 올리는 경우가 자주 생겨 자연스럽게 식당 홍보가 된다.

구운장어 밀키트 개발 중⋯ 장어덮밥 브랜드도 만들고 싶어

박 사장은 〈장어한판〉을 가족이 편하게 와서 먹을 수 있는 따뜻한 식당, 문턱이 낮은 식당으로 만들고 싶다. 아직 능력이 부족하다고 생각해 가맹 사업 계획은 없다.

대신 구운장어 밀키트를 개발하고 있다. 장어를 구워서 밀키트처럼 만들어 인터넷에서 판매하기 위해 연구하고 있다. 장어는 집에서든 캠핑 가서든 굽는 게 쉽지 않다. 그래서 구워서 진공 포장한 제품을 판매하려고 한다. 즉석판매 제조 가공 교육도 받았다. 또 검단점에서 점심 메뉴로 판매하고 있는 장어덮밥을 브랜드화하는 것도 계획하고 있다.

─── 이경희(부자비즈 대표 컨설턴트)의 원포인트 ───

대표적인 스테미너식으로 자리잡은 장어구이의 역사는 100년이 넘었다. 장어 전문점은 중장년층의 선호도가 높아 모던한 이미지와는 거리가 느껴진다. 〈장어한판〉은 올드한 느낌이 있는 장어요릿집에 로봇을 도입해 매장을 스마트하게 바꾸고, 장어엑기스와 밀키트를 개발해 푸드테크까지 추진하고 있다. 오래된 것에는 묵직함이 있고, 새로운 것은 호기심과 신규 수요를 창출한다. 디지털 전환 시대의 골목 상점과 한식당에는 〈장어한판〉 같은 신구의 조화가 요구된다.

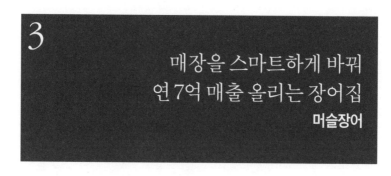

3

매장을 스마트하게 바꿔
연 7억 매출 올리는 장어집
머슬장어

상호	지역	규모	창업	도입 기술
머슬장어	서울 마곡동	41평	2022년	서빙로봇, 테이블오더

도입 효과

**주류와 사이드 메뉴 매출 20%,
전체 매출 10% 상승**

서울 마곡동에는 1년도 안 돼 지역 핫플로 등극한 장어맛집이 있다. 성수기에는 1억, 평소에도 6천만 원대 매출을 올리며 인근 직장인들에게 인기가 높다. 주인공은 〈머슬장어〉다.

〈머슬장어〉를 운영하는 김미화(44) 씨는 과외 선생님이었다. 나이가 들어 경쟁력이 없어지자 과외를 그만두고 볼링장을 운영하다가 식당 창업에 도전했다. 처음에는 경험이 없어서 프랜차이즈를 선택했

다. 프랜차이즈 가맹점이라 운영이 쉬울 거라는 기대와 달리 **힘든 근무 환경 때문에 직원 간의 다툼과 갈등이 끊이지 않았다. 장어집으로 업종을 전환하면서 그 문제를 말끔히 해결했다. 주방 자동화와 스마트 기술을 도입한 덕분이다.** 힘들었던 한식당 운영 경험을 혁신적으로 바꿔 업종 전환과 재창업에 성공한 40대 부부의 성공비결은 무엇일까?

미역국 전문점 창업해 5년간 운영

서울에서 나고 자란 김미화 사장은 대학에서 통계학을 전공했다. 졸업 후에는 과외를 하며 아이들을 가르쳤다. 과외는 13년 정도 했는데 나이가 들어가자 더는 경쟁력이 없어졌다.

다른 일을 물색하다가 김 사장이 선택한 것은 창업이었다. 처음에는 볼링장을 오픈해 운영하다가 외식업으로 눈을 돌렸다. 아이템을 찾던 중 지인의 추천으로 미역국 전문점을 알아봤다. 가맹 본사에서는 미역국이 라면 조리만큼 쉽다고 했다. 그러다 실제 교육을 받아보니 주문받을 때마다 하나씩 끓이는 조리 방식이라 난이도가 높았다. 당장 그만두고 싶었지만 이미 매장 인테리어 공사가 진행되어 오픈을 안 할 수 없는 상황이었다. 그렇게 2018년에 미역국 전문점을 시작했다.

외식업 경험이 없어 시행착오가 많았다. 가장 힘들었던 것은 직원 관리였다. 사장이 경험이 부족하니 사공들이 많아졌다. 경험 없는 사장을 만만히 보는 것에서부터 주방 직원과 홀 직원 간의 알력 다툼, 한국인 직원과 외국인 직원 간의 갈등까지 하루도 조용한 날이 없었다.

힘든 직원 관리에 지친 김 사장이 생각해낸 묘안

미역국 전문점은 주식 메뉴라 코로나 기간에도 큰 부침은 없었지만 좀 더 수익성이 높은 식당으로 전환하고 싶었다. 김 사장과 남편은 고민 끝에 장어 전문점을 선택했다. 둘 다 장어를 많이 좋아했기 때문이다.

장어 전문점을 오픈하기 위한 계획을 짜면서 김 사장 부부는 미역국 전문점을 운영할 때 불거졌던 문제점들을 방지할 전략을 세웠다. 식당을 최대한 자동화 시스템으로 운영하는 것이었다. 가장 힘들었

던 것이 구인난과 직원 관리였기 때문이다.

 우선 주방을 자동화시켰다. 야채, 생강, 마늘 써는 기계부터 식기세척기, 불판세척기, 초음파세척기 등을 설치해 사람이 할 일을 기계가 대신할 수 있도록 했다. 주방에서 불로 조리하지 않도록 홀 테이블에

인덕션을 설치했다. 심지어 물통도 없애고 손님에게 생수병을 제공하기로 했다. 미역국 전문점을 운영할 때 물통 씻는 일로 주방 직원과 홀 직원이 싸웠던 적이 있었기 때문이다. 그렇게 모든 갈등 요소를 차단할 수 있는 시스템을 만들어 2022년 7월 〈머슬장어〉를 오픈했다.

장어 품질에 대한 자신감… 메뉴 구성은 최대한 단순하게

메뉴 구성은 최대한 단순화했다. 장어의 맛과 품질이 좋아 양념구이는 하지 않고 소금구이만 판매한다. 〈머슬장어〉의 장어는 맛도 좋지

똑똑한 장사

만 크기도 크다. 김미화 사장의 남편은 최상급 장어를 공급받기 위해 오픈하기 전 한 달 간 장어양식장으로 가서 숙식하며 장어를 살펴봤다. 그렇게 해서 선택한 거래처를 통해 장어를 공급받고 있다. 두 마리로 구성된 소금구이 세트가 10만 8,000원인데, 손질한 양이 720~750그램 정도 나온다. 다른 곳은 보통 580~600그램 정도다.

소금구이 외에 장어전골과 야채구이 정도가 메인 메뉴다. 장어전골은 대자가 7만9,000원, 소자가 6만4,000원이다. 장어를 구워 먹다가 아스파라거스, 양송이버섯, 생마 등의 야채를 넣어 볶아먹는 야채구이도 있다. 1만8,000원이다. 술안주로 인기가 높다.

술과 사이드 메뉴 매출 20% 상승시킨 비결은?

주방을 자동화 시스템으로 만든 김미화 사장 부부는 2023년에 매장을 더욱 스마트하게 만들었다. 중소벤처기업부와 소상공인시장진흥공단이 시행하는 '2023년 스마트상점 기술보급사업'에 선정돼 서빙로봇과 테이블오더를 도입했다. 손님이 알려준 정보로 이 사업을 알게 돼 신청했는데 운 좋게 선정됐다.

서빙로봇으로는 주로 리필 반찬과 술을 운반한다. 테이블오더는 정말 유용하다. 18대를 설치했는데 설치 후 가장 큰 변화는 주류와 사이드 메뉴 매상이 20%, 전체 매출은 10% 정도 상승한 것이다. 손님들이 테이블에서 부담 없이 눈치 보지 않고 주문할 수 있어서 그런 것 같다는 게 김 사장의 분석이다. 김 사장은 스마트상점 기술보급사업에 매우 만족하고 있다. 그는 다른 소상공인들에게도 강력 추천한다. 서빙로봇과 테이블오더에 들어간 비용은 약 700만 원 정도다. 정부에서 총비용의 70%를 지원해줬다.

직영점 운영 계획… 외식업과 스포츠 결합한 매장 내보고 싶어

지역 맛집으로 소문이 나면서 〈머슬장어〉에도 가맹점 개설 요청이 들어온다. 상표등록도 되어 있고 운영 시스템도 간단해 장어 품질 유지만 된다면 가맹 사업도 잘될 것 같다. 하지만 가게 하나를 운영하는 것과 사업을 확장하는 것은 다른 문제이므로 좀 더 고민해볼 생각이다. 조건만 맞으면 직영점 확장에는 도전해 보고 싶다.

〈머슬장어〉 외에 김 사장에게는 또 다른 꿈이 있다. 볼링장을 해본 경험을 살려 스포츠 시설과 외식업을 동시에 진행하는 것이다. 특히 야외 스케이트보드장을 만들어 그 옆에 집을 짓고 가족과 단란한 생활을 하는 것은 꼭 이루고 싶은 개인적인 꿈이다.

—— 이경희(부자비즈 대표 컨설턴트)의 원포인트 ——

환경이 열악할수록 불친절해지고 갈등 소지도 커진다. 기술은 인간을 소외시키는 것이 아니라 인간을 더 행복하게 해줄 때 가치가 있다. 김미화, 서승민 부부는 프랜차이즈 가맹점 사업을 하다가 힘든 작업환경 속에서 직원 갈등으로 문을 닫고 재창업에 도전했다. 독립 창업에서는 오히려 주방 자동화와 스마트기술로 훌륭한 근무 환경을 만들었다.

프랜차이즈 사업의 운영 시스템은 수십 개, 수백 개 가맹점에 영향을 미치므로 가맹 본부는 효율적이고 편리하며 단순한 운영 시스템을 갖추기 위해 지속적으로 노력해야 한다. 주방 자동화와 디지털 전환은 근무 환경 개선을 통해 소상공인의 일터를 더 행복하게 만들어줄 수 있다.

똑똑한 장사 Tip

소상공인들에게 인기 얻는 로봇은?

로봇은 다양한 기능으로 매장의 운영 효율성을 높이고 고객 경험을 개선할 수 있습니다.

요즘 음식점에서 가장 많이 도입되는 **서빙 로봇**은 음식을 고객 테이블로 서빙하고 식기 반납 및 테이블 정리를 도와줍니다. 테이블오더와 연동하면 고객이 직접 로봇을 호출할 수도 있습니다.

매장을 매일 청소하는 일은 매우 힘듭니다. **청소 로봇**을 활용하면 매장도 깨끗해지고 직원들의 노동 강도도 낮출 수 있습니다. 청소 로봇은 바닥 청소, 진공 청소, 물걸레질 등을 자동으로 수행하여 매장 청결을 유지합니다.

주방 보조 로봇도 다양해지고 있습니다. 대표적으로는 바리스타 로봇이나 치킨 로봇, 아이스크림 로봇, 음료 로봇, 자동조리 쿠커를 들 수 있습니다. 바리스타 로봇은 커피를 자동으로 만들고 서빙하여 일관된 품질의 음료를 제공합니다.

인포메이션이나 웨이팅 로봇도 등장하고 있습니다. 웨이팅 로봇은 고객들이 대기할 때 안내하고 대기 시간을 줄이기 위한 정보를 제공합니다.

앞으로 더 다양한 로봇이 등장해 운영비용 절감, 직원들의 근무 환경 개선, 서비스 개선을 통해 소상공인들의 매장 운영 효율성을 높여줄 것으로 기대됩니다.

2장

낮에는 유인, 밤에는 무인
24시간 운영 하이브리드 매장

1

낮에는 유인, 밤에는 무인!
4평짜리 꽃가게의 똑똑한 경영
예쁜꽃예쁜나무

상호	지역	규모	창업	도입 기술
예쁜꽃예쁜나무	서울	4평	2008년	꽃 자판기

도입 효과

무인 꽃 자판기 설치를 통해 24시간 운영하는 매장으로 변신,
매출 10% 상승과 지역 주민들의 구매 편의 강화

서울 수락산역 인근에서 꽃집 〈예쁜꽃예쁜나무〉를 운영하는 최정화 사장(50)의 매장은 4평이다. 경기침체로 꽃 소비가 이전보다 줄어들고 있지만 2023년 이 매장의 매출은 10% 이상 상승했다. 2024년에는 더 높아질 것으로 기대하고 있다. 야간에도 꽃을 판매할 수 있게 돼 낮에는 유인, 밤에는 무인으로 24시간 운영할 수 있게 된 것이다. 〈예쁜꽃예쁜나무〉의 똑똑한 경영 비결은 뭘까?

전업주부로 일하며 꽃 관련 자격증 취득

대학에서 컴퓨터를 전공했던 최정화 사장은 졸업 후 통일연구원에서 9년 동안 일했다. 결혼 후 육아 문제로 회사를 그만둔 후에는 5~6년 간 전업주부로 지냈다.

전업주부였지만 평소에 여러 가지 자격증을 따면서 사회 복귀 준비를 했다. 그중 하나가 화훼장식기능사다. 식물을 좋아하던 부모님의 영향으로 어릴 때부터 꽃과 나무에 관심이 많았다. 디자인 관련 자격증도 취득해 미래를 대비했다.

조경사의 문하생으로 일하며 경험 쌓고 창업

화훼장식기능사 취득 후 자격증을 활용할 기회가 생겼다. 조경사의

문하생이 된 것이다. 그녀는 2~3년간 현장에서 꽃에 대한 기본부터 조경 업무까지 현장 업무 전체를 두루두루 익혔다.

경험을 쌓은 최 사장이 본인 매장을 직접 낸 건 2008년이었다. 서울 상계동에 〈더 플라워〉라는 꽃집을 창업해 독립했다. 3년 정도 〈더 플라워〉를 운영했으나 문하생으로 있던 선생님의 부름을 받고 다시 장암동 화원에서 일하게 됐다. 꽃 판매와 상품 개발 업무를 담당하며 전문성을 높였다. 배우는 것은 많았지만 시간이 흐르자 다시 내 사업에 대한 갈증이 커졌다. 2014년에는 다시 독립해서 경기도 남양주시 별내동에서 〈예쁜꽃예쁜나무〉라는 상호로 재창업을 했다. 이후 매장을 수락산역 인근으로 이전해 지금까지 운영하고 있다. 매장 평수는

똑똑한 장사

4평으로 자그마하다.

퀄리티 있는 꽃 판매로 경쟁력 확보

꽃집으로 성공하려면 우리 가게만의 콘셉트를 확실히 하고 경쟁력을 키워야 한다.

최정화 사장은 '퀄리티 있는 꽃 판매'로 정했다. 소비자들은 잘 모르지만 꽃에는 등급이 있다. 그녀의 품질정책은 최상급 꽃을 파는 것이다. 품질이 좋으니 다른 곳보다 꽃값이 비싼 편이다. 다른 꽃집은 장미가 3천 원인데 여기는 왜 5천 원이냐고 묻는 손님들이 있다.

그럴 때면 최 사장은 과감하게 대답한다.

"소고기처럼 꽃에도 등급이 있어요. 저는 최상등급 꽃을 판매합니다."

싼 꽃으로 풍성한 다발을 만들어주기를 원하는 손님도 있다. 그래서 창업 초기에는 저렴한 꽃도 팔았다. 그러나 꽃의 품질이 나쁘면 버리는 게 더 많아 로스율이 높다. 지금은 품질이 낮은 싼 꽃은 팔지 않는다.

덕분에 〈예쁜꽃예쁜나무〉

의 꽃 품질을 아는 고객들은 단골이 된다.

최 사장은 꽃 포장도 잘한다. 선천적으로 타고난 디자인 감각에 노력이 더해져 백화점이나 유명 플라워숍의 꽃다발보다 예쁘다는 칭찬을 많이 듣는다.

로스율 줄이려면 머천다이징 능력이 중요

화분은 잘 가꾸면 오래 살지만 꽃은 금세 시든다. 시든 꽃을 팔 수는 없다. 그래서 꽃가게를 운영하려면 버리는 일에 익숙해져야 한다. 최 사장 가게의 로스율은 30% 내외다.

꽃가게 로스율을 줄이기 위해서는 머천다이징 능력이 필요하다.

트렌드에 맞는 식물뿐만 아니라, 에어플랜트나 다육식물 등 특이한 식물을 갖다 놓아도 잘 나간다. 요즘 트렌드는 '프리저브드 플라워'다. 특수 보존 처리한 가공화로 시들지 않는 꽃이다. 겨울에 하루 종일 들고 다녀도 얼지 않고, 물 관리를 안 해도 되기 때문에 인기가 있다.

매출 10% 상승시킨 일등 공신은 이것!

최정화 사장은 혼자 매장을 운영한다. 어쩌다 일찍 문을 닫으면 꽃을 사고 싶다는 손님들의 전화가 종종 걸려온다. 그럴 때마다 미안한 마음이 들어서 안타까웠다. 그런데 영업을 마친 후 늦게 오는 손님들도 꽃을 사갈 수 있는 방법이 생겼다. 바로 무인 꽃 자판기 설치다.

2023년 여름 최 사장은 중소벤처기업부와 소상공인시장진흥공단

에서 시행하는 '2023년 스마트상점 기술보급사업'을 통해 꽃 자판기를 도입했다.

꽃 자판기는 24시간 운영되므로 전날에 꽃을 만들어 자판기에 넣어두면 매장이 영업을 마감한 밤늦은 시간에도 고객이 꽃을 사갈 수 있다. 때문에 인근 주민들과 단골손님들에게 반응이 좋다.

최 사장이 꽃 자판기 도입에 쓴 자부담 비용은 165만 원 정도다. 정부가 총비용의 70%를 지원해줬다. 꽃 자판기 도입 후 매출이 10% 정도 상승했다. 2023년 연매출은 1억 원 정도다. 수익률은 30~40% 선이다.

최 사장은 도입한 스마트기술에 아주 만족하고 있다. 이전부터 도입하고 싶었지만 비용이 부담스러워 못했는데 정부 지원 덕에 저렴한 비용으로 구입할 수 있어서 너무 좋았다. 매출까지 상승했으니 만족감은 더욱 크다. 다른 소상공인들에게도 추천하고 싶다.

매주 목요일은 대학 가서 강의하는 날

매일 4평짜리 가게에서 일하다 보면 답답할 때도 있다. 그런 최 사장에게 목요일은 바깥 공기를 마실 수 있는 날이다. 최 사장은 경희대학교에서 강의를 하고 있다. **2020년도에 경희대학교 교육대학원 화훼실내조경 교육과정을 수료했다. 현재 조교로 있으면서 매주 목요일마다 강의를 한다.** 학생들을 가르치는 일은 가게를 운영할 때와 다른 보람을 준다. 자신이 가진 노하우를 전수해줄 수 있기 때문이다. 강의가 있는 목요일에는 아르바이트생이 가게를 대신 운영한다.

최 사장은 앞으로 체력이 허락하는 날까지 꽃과 식물과 함께하고 싶다. **꿈이 있다면 동물과 꽃을 결합한 카페를 해보는 것이다. 꽃만큼 동물들도 좋아하기 때문이다.** 그런 카페를 열게 되면 유기견 보호 활동도 하고 싶다.

〈예쁜꽃예쁜나무〉의 똑똑한 경영 포인트

1. 전문성. 창업 전에 자격증도 취득하고 직원으로 일하면서 풍부한 현장경험을 쌓아 전문성을 갖췄다.

2. 품질. 가격보다 품질에 더 비중을 두어 한 번 찾은 고객이 만족해서 재방문하도록 했다.

3. 멈추지 않는 배움. 15년이나 경력을 쌓았지만 화훼실내조경 교육과정을 수료하는 등 배움을 통한 성장을 멈추지 않는다.

4. 머천다이징 능력. 재고관리, 고객 선호도를 잘 반영해 판매 품목을 구성한다.

──── 이경희(부자비즈 대표 컨설턴트)의 원포인트 ────

'창업은 체력'이라고 말할 정도로 소상공인의 경영 현장은 힘들다. 힘든 일을 이겨내는 비결 중 하나가 '보람'이다. 가게를 운영하면서도 대학 강의를 하거나 전문가로 활동하며 일의 보람을 찾는 전문가형 소상공인이 늘어나고 있다. 공부하면서 계속 성장하는 지식기업가형 소상공인에게도 스마트상점 기술에 대한 이해와 활용 경험은 꼭 필요하다.

2

매출 20% 상승시킨
비밀병기는?
갤러리골프아카데미 여의도점

상호	지역	규모	창업	도입 기술
갤러리골프아카데미 여의도점	서울	149평	2020년	무인 매장용 키오스크, 출타석 제어시스템

도입 효과

야간에 무인 운영이 가능해지면서
매출 15~20% 상승

골프 연습장에도 무인화 바람이 불고 있다. 구인난 해소와 고객 편의 증진, 매출 상승을 위해서다. 골프 연습장의 경우, 완전 무인이 아닌 하이브리드 매장으로 운영하는 곳이 많아졌다. 낮에는 유인, 밤에는 무인으로 운영하는 방식이다. 밤에 무인 운영이 가능해진 것은 골프장에 적합한 무인 시스템이 나온 덕분이다.

서울 여의도에 위치한 〈갤러리골프아카데미 여의도점(이하 갤러리 골

프)〉도 2023년 8월에 무인 시스템을 도입했다. 낮에는 유인으로 운영하고, 밤 11시부터 다음 날 아침 6시까지는 무인으로 운영한다. 24시간 운영을 하면서 매출이 15~20%가량 상승했다.

〈갤러리 골프〉의 원정현 사장은 2020년에 매장을 오픈하여 코로나 직격탄을 맞았다. 코로나가 끝나고 나서는 같은 건물에 경쟁업체가 들어서면서 다시 매출이 하락하는 어려움을 겪었다. 다행히 경쟁업체가 없어지면서 재도약하고 있다. 2023년에는 정부에서 지원하는 스마트기술 도입 사업에 선정돼 운영을 무인 시스템으로 전환한 뒤, 4억 원대 매출을 올렸다. 힘든 시간을 극복한 원 사장의 사업 이야기를 들어본다.

독학으로 티칭 프로자격증 획득해 골프 연습장 창업

원정현 사장은 골프 선수였던 조카의 매니저를 하다가 독학으로 골프를 익혀 1년 만에 티칭 프로자격증을 땄다. **자격증 취득 과정은 죽을 만큼 힘들었지만 인생 2막을 위한 도전이기에 참고 인내했다.**

자격증을 따고 몇 년간은 학생들에게 골프를 가르쳤다. 그러다가 나만의 사업을 하고 싶어서 본격적으로 골프 연습장 창업을 준비했다. 완전히 개인 매장으로 하자니 첫 창업이라 부담감이 컸다. 그래서

기존 골프 연습장 브랜드의 이름만 빌리고 기계는 다른 브랜드 제품을 설치해서 창업했다. 브랜드를 빌리는 데 큰돈이 들지는 않았다. 지인의 소개로 300만 원을 내고 교육받는 방식으로 진행했다.

매장은 여의도 성모병원과 63빌딩 중간에 위치한 곳이다. 37층짜리 주상복합 건물의 지하 2층에 자리했다. 초기 창업비용은 총 3억 5,000만 원 정도가 들었다. 보증금 7천만 원에 월세는 660만 원이다. 공실이라 권리금은 없었다. 평수는 149평이다. 창업자금은 대출도 받고, 지인을 통해 투자금도 받았다. 그렇게 2020년 10월에 창업했다.

코로나 직격탄에 경쟁업체까지 들어서며 어려움 겪어

원 사장은 코로나가 한창일 때 창업을 했다. 힘들 거라는 것은 알았지만, 코로나는 생각보다 심각해져 갔다. 첫 달 매출이 1천만 원도 나오지 않았고, 사회적 거리두기 강화로 회원들이 발길을 끊었다. 원 사장은 돈 빌리러 다니느라 정신이 없었다. 임대인에게 월세를 깎아달라고 사정도 하고, **배달도 하고, 대리기사도 하고, 주차요원도 하면서 버텼다. 긴 터널 속에 갇힌 것 같은 시간이었다.**

힘든 시간도 끝이 나고, 코로나가 잠잠해지면서 2021년 8월경부터는 매출이 오르기 시작했다. 그런데 복병이 나타났다. 같은 건물 6층과 7층에 경쟁업체가 들어온 것이다. 프랜차이즈 인도어 골프장이었다. 매출이 40%나 떨어졌다. 코로나 때보다 더 힘들었다.

끝은 있었다. 10개월 만에 경쟁업체가 없어진 것이다. 매출이 다시 오르고 회원 수도 늘어났다. 사업도 확장해 아카데미 연습장 옆에 70평

규모의 스크린 게임장도 오픈했다. 고객 서비스를 강화하기 위해 숍인 숍 음식 브랜드도 입점시켰다.

연습장을 확장하면서 원 사장의 회원 수는 계속 늘어나 현재 180명이 등록되어 있다. 하루 방문 회원은 80명 정도다. 지난해 매출은 4억 원대를 기록했다. 월 순수익은 1,000~1,500만 원 정도다. 원 사장이 코로나와 경쟁업체 때문에 어려움을 겪다가 다시 매출을 회복하고 사업을 안정화시킨 비결은 무엇일까?

낮엔 유인, 밤엔 무인 운영으로 매출 20% 상승

첫째, '스마트기술의 도입'이다. 원 사장은 2023년 8월부터 매장을 24

시간 운영하고 있다. 낮에는 유인으로, 밤 11시부터 다음 날 아침 6시까지는 무인으로 운영 중이다. 이것이 가능한 이유는 스마트기술 도입으로 무인 시스템을 구축했기 때문이다.

원 사장이 도입한 것은 '키오스크'와 '출타석 제어시스템'이다. 키오스크와 출타석 제어시스템이 연동되어 있어, 휴대폰 번호 끝자리만 누르면 자동으로 입출입이 되고 타석이 열린다. 키오스크와 출타석 제어시스템의 도움으로 야간에 무인 운영이 가능해지면서 매출이 15~20% 정도 상승했다. 야간에 이용하는 회원은 주로 3040세대들이 많다.

원정현 사장은 중소벤처기업부와 소상공인시장진흥공단에서 시행하는 '2023년 스마트상점 기술보급사업'을 통해 스마트기술을 도입했다. 24시간 운영 방법을 고민하다가 소상공인시장진흥공단을 통해 정보를 얻고 신청을 했다. 비용은 정부에서 70%를 지원해줬다. 약 300만 원 정도의 자부담금이 들었다.

고객 맞춤형 레슨과 마케팅

둘째, '고객 눈높이에 맞춘 레슨'이다. 원 사장의 골프 연습장 회원들의 연령대는 다양하다. 20대부터 80대까지이다. 나이만큼 실력도 천차만별이라 회원에게 맞게 1대1 맞춤 레슨을 진행한다. 특히 초중급 실력의 회원들에게는 너무 정교한 레슨을 하지 않는다. 쉽고 편하게 여러 사람과 어울리며 골프를 재미있게 칠 수 있도록 가르치는 것이 포인트다.

셋째, '타깃 고객 맞춤 마케팅'이다. 골프 연습장의 고객은 인근 아파

트 주민과 오피스가의 직장인들이다. 마케팅도 이들을 타깃으로 한다. **아파트 관리비 고지서에 광고를 하거나, 엘리베이터 광고판에 광고를 한다. 직장인 고객들을 위한 할인 프로모션도 자주 하고 있다. 마케팅 비용으로 월 100만 원 정도가 들어간다.**

위기가 전화위복이 되다… 나만의 브랜드 만들고 싶어

넷째, '성실함과 포기하지 않은 마음'이다. 코로나와 경쟁업체의 등장으로 경영에 어려움을 겪었을 때 원 사장은 포기하고 싶은 마음이 컸다. 그러나 급할수록 돌아가라는 말이 있듯 성실하게 운영하고 안내한 결과 결국 경쟁업체를 이겼다. 전화위복이 된 것이다. 지금은 사업이 안정되어 있지만, 원 사장은 고삐를 늦추지 않고 있다. 또다시 경쟁업체가 들어오지 말라는 법이 없기 때문이다.

원 사장은 올해를 〈갤러리골프아카데미 여의도점〉을 한 단계 성장시킬 수 있는 한 해로 삼을 예정이다. 사업이 확장되면 개인 브랜드를 만들어 프랜차이즈 사업에 도전하려고 한다. 개인적인 꿈은 스포츠센

터를 만드는 것이다. 1층은 골프 연습장, 2층은 스크린 연습장, 3층은 헬스장 등으로 꾸며 운동 좋아하는 사람들의 아지트로 만들어볼 계획이다.

—— 이경희(부자비즈 대표 컨설턴트)의 원포인트 ——

임대료 부담이 큰 매장은 영업시간 연장으로 추가 매출을 올리면 고정비 부담을 줄일 수 있다. 무인 운영은 구인난 시대에 추가 인력 고용 걱정 없이 영업시간을 연장하는 방법이다. 스마트기술 발달로 무인화가 점점 쉬워지고 있다. 방범과 치안이 좋은 우리나라는 무인 매장 운영에 유리하다. 특히 유인과 무인 운영을 결합하는 24시간 운영 하이브리드 매장은 고객에게는 편의를, 소상공인에게는 매출 증대를 가능하게 하는 좋은 방법이다.

3

무인 슈퍼 창업한 사장님의
스마트한 경영
대단한민국이슈퍼

상호	지역	규모	창업	도입 기술
대단한민국이슈퍼	서울	40평	2022년 12월	주류 자판기

도입 효과

고객 유입 증대와 내방 동기 강화

23년 차 슈퍼마켓 전문가가 무인 슈퍼를 창업했다. 오프라인 위축으로 슈퍼마켓들이 설 자리가 줄어들자 자신처럼 고생하는 슈퍼마켓 사장들에게 새로운 활로를 열어주고 싶은 게 목적이었다.

최병기 사장(53세)은 서울 금천구 독산동에서 〈나들가게 독산구판장〉을 운영하면서 슈퍼마켓에 무인 시스템을 결합한 무인 슈퍼 〈대단한민국이가게〉와 〈대단한민국이슈퍼〉 두 곳을 창업해 운영하고 있다.

무인 편의점이나 무인 아이스크림 가게들은 많이 생겼지만, 무인 슈퍼는 흔치 않다. 20년 경력의 슈퍼마켓 사장님이 차린 무인 슈퍼는 어떤 모습일까?

대학 졸업 후 유통사업 시작… 나만의 슈퍼마켓을 차렸으나

최병기 사장은 젊은 시절 어릴 때부터 꿈이었던 사업가가 되기 위해 안정된 직장을 버리고 식품 유통 소매기업에 재취업했다. 경험을 쌓은 후 소매상과 도매상을 번갈아 근무하며 유통을 공부했다. 개인 슈퍼에서도 일했다.

현장경험으로 자신감을 얻은 최 사장은 2000년 8월 부인과 함께 슈퍼마켓 〈독산구판장〉을 차렸다. 매장 20평, 앞마당 8평 규모의 가게였다. 최 사장이 슈퍼마켓을 차릴 때만 해도 슈퍼마켓의 전성기는 끝물이었지만 그런대로 장사가 잘됐다. 10년간 돈도 꽤 많이 벌었다. 돈을 모아 더 큰 슈퍼마켓을 차리고 싶어 주식에 투자도 했는데 그게 화근이 됐다. 리먼브라더스 사태가 터지면서 투자해 놓은 주식이 폭락해 엄청난 빚을 지게 된 것이다.

빚을 갚기 위해 〈독산구판장〉에서 열심히 일했다. 2022년을 기점으로 빚을 다 갚았다.

변해버린 유통시장 환경… 8평짜리 무인 슈퍼로 실험 창업을 하다

빚을 다 갚고 나니 이번에는 다른 어려움이 있었다. 그동안 유통환경이 완전히 변해버린 것이다. 코로나를 기점으로 온라인 시장이 확대되고, 오프라인 매장들은 어려움을 겪고 있었다.

시장 변화를 지켜보던 최 사장의 눈에 들어온 것은 무인 가게들이었다. 많은 가게들이 무인화되어가고 있었다. 이제 무인은 피할 수 없는 트렌드라고 판단했다. 그 길로 최 사장은 2021년부터 무인 가게를 벤치마킹했다. 무인 아이스크림 가게, 무인 편의점 등을 많이 찾아다녔는데 경쟁력이 없어 보였다. 그래서 생각한 것이 자신이 잘 아는 슈퍼마켓에 무인을 결합한 무인 슈퍼이다.

오랜 준비 끝에 2022년 2월 서울 관악구 미성동에 8평짜리 무인 슈퍼 〈대단한민국이가게〉를 열었다. 처음부터 대형 매장을 운영하는 건 위험할 것 같아 무인 아이스크림 가게의 업그레이드 버전으로 오

픈했다. 정부 지원사업을 활용해 창업했기 때문에 창업 비용은 많이 들지 않았다. 임대료와 시설비만 약간 들었다.

〈대단한민국이가게〉는 월평균 800~900만 원 정도의 매출에 수익률은 25% 정도다. 매출이 나쁘지 않자 최 사장은 사업을 확장하기로 했다. 2022년 12월 같은 미성동에 〈대단한민국이슈퍼〉를 차렸다. 규모는 이전 가게보다 더 크다. 40평 중 25평은 매장이고, 15평은 창고다. 이번에는 진짜 유인 슈퍼마켓처럼 무인 매장을 만들었다.

무인 슈퍼와 무인 편의점의 차이점은?

〈대단한민국이슈퍼〉는 유인 슈퍼마켓의 무인 버전이다. 물건도 식품과 공산품을 합쳐서 1000가지가 넘는다. 진열 방식도 유인 슈퍼마켓처럼

똑같이 했다. 단지 무인이라는 차이점이 있을 뿐이었다. 그런데 그게 문제였다.

시도 때도 없이 손님들의 전화가 걸려오기 시작했다. 새벽에도 왔다. 가장 큰 문제는 진열에 있었고, 무조건 많은 물건을 갖다 놓은 것도 잘못됐다. 무인 매장에 적합한 물건을 선택해 최대한 잘 보이게 진

열해놓는 방법이 필요했다. 한마디로 머천다이징에 문제가 있었다.

초반의 시행착오를 하나씩 고쳐가자 손님들의 전화 횟수도 줄어들고, 〈대단한민국이슈퍼〉의 매출도 꾸준히 월 800~900만 원씩 나오기 시작했다.

〈대단한민국이가게〉와 〈대단한민국이슈퍼〉의 장점은 주류와 담배 자판기가 있다는 점이다. 최병기 사장이 생각한 무인 슈퍼 차별화 전략의 일환이다. 대부분의 생필품을 온라인에서 사는 소비자들이 오프라인에서 구매하는 품목 중 많은 부분이 술과 담배이기 때문이다. 판매 루트 파악이 쉽지는 않았지만 이 전략은 상당한 성과를 거뒀다.

스마트상점 기술보급사업 탈락 후에 극적으로 추가 선정

2023년 중소벤처기업부와 소상공인시장진흥공단이 시행하는 '2023년 스마트상점 기술보급사업'에 무인 자판기 품목이 있다는 정보를 알고 기쁜 마음으로 지원사업에 신청했다. 하지만 본 모집에서 탈락하고 마음을 접을 때쯤 기쁜 소식이 왔다. 추가 합격 연락을 받은 것이다. 그렇게 해서 〈대단한민국이슈퍼〉에 주류 자판기를 들여놓게 됐다. 총비용 850만 원 중 500만 원을 국비로 지원받았다.

담배와 주류 자판기는 무인 슈퍼 매출에 상당한 비중을 차지한다. 술과 담배를 사러왔다가 다른 상품들을 사가는 경우도 많기 때문이다.

장사꾼이 아닌 진짜 사업가가 되는 게 목표

최병기 사장이 운영하던 〈독산구판장〉은 2017년도에 정부 지원사업

으로 시설을 개선해 〈나들가게 독산구판장〉으로 운영되고 있었다. 연간 3억 원 정도의 매출을 올리는 매장이었지만 2024년 초 폐업을 하고 무인 매장으로 전환했다.

한국나들가게 금천구 지부장을 맡고 있는 최 사장은 슈퍼를 운영하는 소상공인들의 어려움을 누구보다 잘 안다. 그래서 무인 슈퍼 개발과 운영 노하우를 기존 슈퍼 사업자와 공유하고 있다. 오랜 유통

경험을 살려 물건을 대량으로 저렴하게 구입해 많은 소상공인들과 상생하고 싶다고 한다. 최병기 사장의 목표는 장사꾼이 아닌 진짜 사업가가 되는 것이다.

〈대단한민국이슈퍼〉의 똑똑한 경영 포인트

1. **전문성.** 오랜 슈퍼마켓 운영 전문성에 기반을 두고 무인화를 설계했다.

2. **연계판매를 위한 솔루션.** 술과 담배 무인 자판기를 통해 오프라인 판매의 강점을 살렸다.

3. **선한 목적.** 다른 슈퍼사업자의 어려움을 덜어주기 위해 무인 슈퍼 개발과 운영 노하우를 공유하고 있다.

──── 이경희(부자비즈 대표 컨설턴트)의 원포인트 ────

40평대 매장의 경우 100% 무인보다는 고객이 많은 시간대에 하루 5~6시간이라도 사람이 상주하는 하프 무인 운영도 고려해 볼 수 있겠다. 100% 무인보다는 유·무인 병행 매장의 매출이 높기 때문이다. 도소매업은 판매 기능을 강화하면 고객관계도 만들고 객단가를 높이는 데도 도움이 된다. 또 온라인 시장과 가격경쟁을 하기보다는 공동브랜드를 통한 협업과 경험과 체험, 편의 제공을 강화하자. 아울러 슈퍼마켓의 일반적인 제품 구성에 대한 편견을 깨고 일상 생필품의 라이프 스타일 큐레이터를 지향하면 더 큰 부가가치를 기대할수 있을 것이다.

스마트기술을 활용한 하이브리드 매장

유인과 무인 운영을 결합한 하이브리드 매장은 운영 효율성을 극대화하고 고객 경험을 개선하고 지역 주민에게 편의를 제공하는 한편 매장의 매출 증대도 기대할 수 있습니다.

가장 큰 장점은 24시간 운영입니다. 다양한 시간대에 고객을 유치할 수 있어 고객 만족도를 높이고 매출도 증대시킬 수 있습니다. 무인 시간대에는 직원이 없어도 돼 구인난 걱정을 하지 않아도 됩니다. 특히 손님이 적은 심야에 매장을 계속 운영하면서도 비용은 줄일 수 있습니다.

고객들은 언제든지 매장을 방문할 수 있고, 시간 제약 없이 쇼핑할 수 있어 고객 충성도를 높이고 반복 방문을 유도할 수 있습니다. 포인트 적립을 병행하면 재방문율을 더 높일 수 있습니다.

하이브리드 매장을 기획할 때 스마트기술을 활용하면 재고관리, 청소, 보안 등을 자동화해 자원을 효율적으로 활용할 수 있습니다.

하이브리드형 24시간 매장 전환에 필요한 스마트기술과 시스템의 도입에도 〈스마트상점 기술보급 사업〉의 지원제도를 활용할 수 있습니다.

3장

서비스가 똑똑해지니
매출도, 고객만족도 껑충

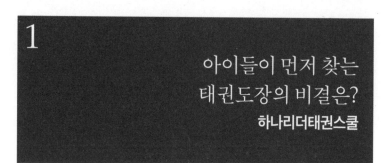

1

아이들이 먼저 찾는
태권도장의 비결은?

하나리더태권스쿨

상호	지역	규모	창업	도입 기술
하나리더태권스쿨	강원도 원주	40평	2022년 12월	전자 겨루기 시스템

도입 효과

고객 충성도,
만족도 제고와 영업 효과를 통한 매출 상승

강원도 원주시 단구동에는 부부가 운영하는 태권도장이 있다. 〈하나리더태권스쿨〉이다. 이곳은 '아빠 관장'과 '엄마 관장'으로 불리는 이대현 관장과 우종화 관장이 운영하고 있다.

100명이 넘는 학생들로 항상 왁자지껄한 〈하나리더태권스쿨〉에 큰 변화가 생겼다. 정부 지원사업으로 도입한 스마트기술 덕분에 새로운 재미와 활력을 얻고 있다. **학생들뿐만 아니라 지도사범들도 가르치는**

일이 더 재미있고 편해졌다고 말한다. 아이가 먼저 태권도장에 가겠다고 집을 나서게 만든 스마트기술은 무엇일까?

원인 모를 심정지로 죽을 고비, 각박한 도시를 떠나다

이대현 관장은 초등학교 5학년 때부터 태권도를 시작해 지도자의 길을 걸어왔다. 2012년에는 남양주에 있는 태권도장에서 일하다가 지금의 아내인 우종화 관장을 만나 결혼도 했다.

그러던 어느 날 위기가 찾아왔다. **이대현 관장이 원인 모를 심정지로 죽을 고비를 여러 번 겪은 것이다.** 다행히 건강을 다시 회복했지만, 죽다 살아나 보니 인생관도 바뀌었다. 각박하고 치열한 도시에서 아등

바둥 살 필요가 없다는 생각이 든 것이다. 인생관이 바뀐 이대현 관장은 2015년 아내 우종화 관장과 함께 고향인 원주로 내려와 〈하나리더태권스쿨〉을 차렸다.

고향인 원주에서 새로운 마음으로 체육관을 오픈했는데 운영은 쉽지 않았다. 오픈 당시 학원생 75명을 인계받았지만, 학원생들이 계속 빠져나가면서 넉 달 만에 50명대까지 떨어졌다. **계속 적자가 나서 통장에 잔고가 없어질 지경까지 이르렀다.**

그래도 초창기에는 별도로 홍보를 하지 않았다. 등록된 아이들을 잘 관리하는 게 목표였기 때문이다. 우선은 다니고 있는 아이들을 **잘**

똑똑한 장사

관리하고, 그 아이들의 부모들에게 먼저 인정받고 싶었다.

스트레스를 안 주는 교육관, 부모들이 마음을 열다

인생관이 바뀐 이대현 관장은 교육방식에도 변화를 줬다. 우선 이대현 관장과 우종화 관장을 '아빠 관장'과 '엄마 관장'이라는 별칭을 만들어 부르게 하면서 진짜 부모의 마음으로 지도하고자 했다.

또한 아이들을 다그치는 교육, 스트레스 주는 교육을 지양하고자 했다. 수업을 경쟁하듯 하는 게 아니라, 태권도장에 왔을 때만큼은 한 시간 동안 학생 스스로 재미를 찾을 수 있는 교육방식을 우선순위로 뒀다. 아이들의 부모님한테도 남들이 1년 걸릴 거, 우리는 2년 걸릴 수 있다고 말하며 지도 방식을 설득시켰다.

느리게 가는 교육을 진행하다 보니 적자는 계속됐지만, 1년 뒤부터는 **효과가 나타났다.** 부모들이 이대현 관장 부부의 교육관을 인정해주면서 아이들을 데리고 오기 시작한 것이다. 태권도장을 인수하고 첫 신입생이 기존 학생의 부모님의 소개로 들어온 학생이었다. 그렇게 〈하나리더태권스쿨〉만의 색깔이 긍정적인 효과로 나타나며 3년 뒤부터는 매출이 급상승했다.

스마트기술 도입으로 태권도장에 새로운 활력이 생기고

이대현 관장은 아이들의 정서적인 면에 중점을 둔 교육을 하고 있지만, 기술적인 부분도 간과하지 않는다. 특히 최신 교육 기술에도 늘 관심을 기울였는데, 2023년 정부 지원사업으로 도입한 '제미타'도 그 일환이다.

'제미타'는 전자 겨루기 시스템이다. 학생들이 정확한 동작으로 목표 지점을 발로 차면 득점이 올라가는 스마트 운동 기기다. 포인트를 정확한 동작으로 차지 않으면 점수가 올라가지 않기 때문에 스스로 동작을 바꾸며 연구해야 한다.

전에는 지도자가 일일이 아이들의 자세를 지도했다면, '제미타'로 할 때는 스스로 학습해야 한다는 차이가 있다. 학생 스스로 동작을 익혀 목표를 달성했을 때의 재미와 보람은 크다. 때문에 제미타는 학생들과 지도자의 만족도가 모두 높다. 경기가 어려울 때 소상공인 입장에서도 정부의 이런 지원사업은 큰 힘이 된다.

'제미타'는 중소벤처기업부와 소상공인시장진흥공단에서 시행하는

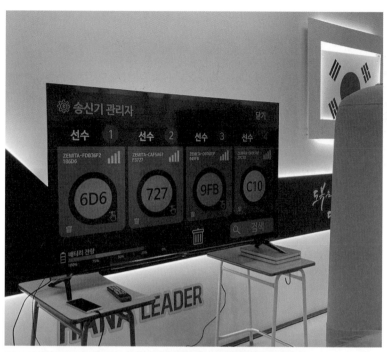

'2023년 스마트상점 기술보급사업'에 신청을 해서 도입하게 됐다. 평소 구매하고 싶었지만, 높은 가격에 망설이다가 지인을 통해 정보를 얻어 신청했다. 풀세트가 460만 원인데 정부 지원으로 320만 원을 받아 자기 부담금은 140만 원 정도 들었다.

전자 겨루기 시스템 활용한 특강도 계획

이대현 관장과 우종화 관장은 지난 겨울방학에 제미타 특강을 열어 좋은 반응을 얻었다. **앞으로도 전자 겨루기 시스템을 활용한 특강이나 대회를 열 계획이다.**

이대현 관장은 이런 구체적인 계획 외에 한결같은 계획도 항상 갖고 있다. 현재의 체육관 자리에서 자신이 할 수 있는 한 체육관을 계속 지키고 운영해 나가는 것이다. 체육관을 운영하며 제자들이 크는 모습을 보고 늙어가는 게 목표다.

항상 그 자리를 지키고 우뚝 서 있는 나무와 같은 지도자가 되는 것, 그것이 이대현 관장과 우종화 관장의 변하지 않는 꿈이다.

〈하나리더태권스쿨〉의 똑똑한 경영 포인트

1. **철학.** 시간이 오래 걸렸지만 진짜 부모 마음으로 지도하려는 철학이 학부모의 마음을 열었다.

2. **자발적인 참여 유도.** 경쟁보다는 흥미와 재미를 통해 학생들의 자발성을 높였다.

3. **스마트기술.** 전자 겨루기 시스템을 도입해 자기주도 학습을 강화했다.

─── 이경희(부자비즈 대표 컨설턴트)의 원포인트 ───

교육 사업에서 중요한 것은 흥미와 동기 유발이다. 수동적으로 참여하는 교육에서는 재미를 느끼기 힘들다. 반면에 학생들에게 자발적 참여를 유도하면 능동성이 높아져 학습효과와 즐거움이 배가된다.

전자 겨루기 시스템은 학생 스스로 목표를 설정하고 참여하게 해 배우는 학생에게는 도전 의욕과 즐거움을, 교육자에게는 시간을 벌게 해준다.

사교육이든 공교육이든 대부분의 교육자들은 본업인 가르치는 일 외에도 다양한 잡무를 부담해야 한다.

효과적인 스마트기술 활용은 교육생들의 참여를 높이고, 교육자의 과중한 업무 강도를 개선해 교육의 질 제고에 도움을 줄 수 있다.

2

재방문율 90%,
관광객까지 찾게 만든 비결은?
헤리티지스파

상호	지역	규모	창업	도입 기술
헤리티지스파	서울 강북구 미아동	40평	2014년 2월	체형분석기

도입 효과

재방문율 90% 상승,
객단가 20% 증가

코로나 팬데믹 이후 금리 인상으로 소비심리가 급격히 얼어붙어 필수소비 외에는 줄이는 경향이 있다. 마사지샵도 그중에 하나다.

서울 미아사거리에 위치한 마사지샵 〈헤리티지스파〉는 코로나19 기간 동안 어려움을 겪었다. 이 매장을 운영하는 이윤지 사장(37)은 코로나 기간에 오히려 매장을 확장해 승부수를 띄웠지만, 고객들의 닫힌 지갑은 쉽게 열리지 않았다.

　그랬던 마사지숍이 **2023년 객단가가 20% 이상 증가했다.** 중소벤처기업부와 소상공인시장진흥공단이 시행하는 '2023년 스마트상점 기술보급사업'에 신청해 스마트기술을 도입한 후부터다. 고객 반응도 좋아졌다. 이윤지 사장은 어떤 스마트기술을 도입해 어떻게 활용하고 있을까?

7년간 마사지 관리사로 일하다가 개인숍 창업

이윤지 사장은 고등학교에서 피부미용학을 배우고 졸업 후 피부마사지숍에서 피부관리사로 일했다. 7년간 프랜차이즈 가맹점과 개인 매장에서 일하며 피부관리와 마사지에 대해 다양한 경험과 노하우를 쌓았다.

전문성을 갖춘 후 창업에 도전한 것은 2014년 2월이었다. 서울 쌍문동에 〈맑은피부 고운몸매〉라는 개인 피부마사지숍을 오픈했다. 사업은 잘되었고, 2016년에는 미아사거리 인근으로 매장을 이전했다. 이름도 〈헤리티지스파〉로 바꿨다.

코로나 시기에 오히려 매장 확장 이전?
4년간 순조롭게 매장을 잘 운영했는데 코로나19라는 악재가 터졌다.
피부관리는 손님과 가까이에서 일해야 하므로 타격이 컸다.

코로나 팬데믹은 예상한 것보다 훨씬 더 장기화됐다. 상황을 지켜

똑똑한 장사

보던 이 사장은 승부수를 띄웠다. 상가 권리금이 바닥 치는 것을 보고 확장 이전을 결정한 것이다. **손님은 줄고 매출은 떨어진 상황에서 매장을 확장하는 데는 용기가 필요했지만, 언젠가는 코로나가 끝날 거라고 확신했다.** 매장을 확장 이전한 곳은 미아사거리역 근처였다. 이름은 그대로 〈헤리티지스파〉로 했다.

객단가 20% 상승! 닫힌 지갑 열게 한 비결은?

확신을 갖고 매장을 확장 이전했지만, 코로나19로 어두워진 경제 상황은 소비심리를 위축시켰다. 소비위축으로 매출이 떨어졌다. 무엇인가 대책이 필요했다.

우선 매장을 더욱 프라이빗한 공간으로 재구성해 1인실과 커플룸을 강화했다. 코로나 팬데믹이 만든 새로운 트렌드 키워드가 '퍼스널', '프라이빗'이라고 생각한 것이다.

서비스에서도 퍼스널 시대에는 개인별 맞춤 관리가 필수라는 생각이 들었다. 또 고객만족을 높이기 위해 서비스를 고도화하는 것도 필요했다. 그래서 고객의 체형을 분석해줄 체형분석기를 들여놓기로 했다.

그러나 도입 비용이 부담스러웠다. 매장 확장으로 투자한 돈이 있어서 여유자금이 없었다. 그런데 때마침 중소벤처기업부와 소상공인시장진흥공단이 시행하는 '2023년 스마트상점 기술보급사업' 정보를 알게 됐다. 기회라고 생각해 신청했는데 선정이 됐다. 총비용의 70%를 지원받고 30%의 자부담금을 들여 체형분석기를 들여놓았다.

체형분석 서비스, 고객 동기를 유발하다

체형분석기 도입은 실질적인 매출 효과로 나타났다. 객단가가 20%
이상 상승했다. 체형분석기는 엑스레이처럼 내 몸의 뼈와 근육의 이
상한 부분을 정확하게 측정해준다. 분석된 데이터를 바탕으로 개인
맞춤형 프로그램을 짜서 마사지 서비스를 하는데, 고객은 몰랐던 본
인의 잘못된 체형을 객관적인 지표로 알게 돼 반응이 좋다. **체형의 십**

똑똑한 장사

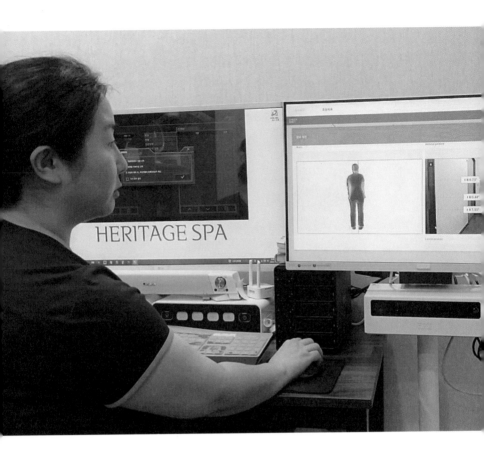

각성을 인지하게 되면 그것이 서비스를 받아야겠다는 동기부여가 되고 있다. 이 때문에 객단가가 올라가고 전체 매출 상승으로 이어지고 있다.

체형분석기 촬영은 고객에게 무료 서비스로 제공된다.

〈헤리티지스파〉의 고객은 여성 비중이 높다. 또 지역 주민들이 많다. 그런데 체형분석기가 소문나면서 해외에서 오는 고객도 생겼다. 체형분석기를 도입한 후 재방문율도 90%로 늘어났다. 똑똑한 서비스로 고객의 신뢰와 만족도, 목표의식이 높아진 덕분이다.

가맹사업 위해 피부산업 표준화 작업 진행 중

지속가능한 경영을 위해서는 마케팅도 중요하다. 마케팅은 네이버 스마트플레이스를 적극 활용한다. 리뷰를 남기는 고객들과 댓글로 소통하며 감사한 마음을 전할 때가 가장 행복하다. 이런 소통은 사업 홍보와 신규 고객 유치에 큰 도움이 된다.

이윤지 사장은 요즘 프랜차이즈 사업을 위한 서류 작업을 진행하고 있다. 자신이 가진 전문성과 노하우를 사업으로 확장해 볼 계획이다.

피부산업 표준화 플랫폼도 개발하고 있다. 표준화 플랫폼은 피부관리에 대한 관리사의 기술 수준, 피부관리에 대한 이해도 수준, 가격 등을 표준화하기 위한 것이다. 고객에게 더 퍼스널한 서비스를 제공하고, 경쟁력 있는 가격을 선택할 수 있게 하는 것이 플랫폼을 개발하는 목적이다.

이윤지 사장은 10평짜리 작은 마사지숍으로 출발해 프랜차이즈 사업을 준비할 정도로 사업을 확장시켰다. **그 이면에는 60개나 되는 자격증을 취득하고, 디지털 기술을 도입하는 등의 남다른 노력이 숨어 있다.** 또 매년 300만 원 정도를 도서구입비로 쓰는 등 자기계발을 멈추지 않는 성실함도 한몫했다. 이윤지 사장의 앞으로가 더욱 기대되는 이유다.

〈헤리티지스파〉의 똑똑한 경영 포인트

1. 전문성. 60개의 자격증을 취득하고 매년 도서 구입비로 300만 원씩 지출하면서 전문성을 쌓았다.

2. 고객 맞춤 서비스. 체형분석기를 활용, 고객 맞춤형 서비스를 제공해 재방문율 90%, 매출 20% 상승 효과를 얻었다.

3. 연구개발. 익숙한 방식에 고여 있지 않고 서비스 개선을 위해 피부 관리 표준화 플랫폼 개발 등 발전을 위한 연구개발을 멈추지 않는다.

—— 이경희(부자비즈 대표 컨설턴트)의 원포인트 ——

기존 산업의 개별 업종이 날실이라면 디지털 혁신은 날실을 통과하는 씨실이다. 어떤 분야든지 후퇴하지 않고 전진하려면 디지털 혁신이라는 씨실을 활용해서 사업을 스마트하게 변신시켜야 한다. 디지털 혁신은 오프라인을 약화시키는 것이 아니다. 오히려 오프라인의 본질적인 기능을 더욱 고도화시켜 더 나은 서비스로 더 높은 매출을 가능하게 한다. 로봇으로 대체하기 어려운 분야인 미용에서도 스마트기술을 잘 활용하면 서비스를 더욱 똑똑하게 제공할 수 있다.

체형측정기 도입해
맞춤 지도 해주는 체육관
153합기도(대한합기도 해동검도)

상호	지역	규모	창업	도입 기술
153합기도	인천 검암동	40평	2004년	체형측정기

도입 효과

체형에 맞는 맞춤형 지도와 서비스 제공,
체형 교정 운동 지도

몸으로 훈련하는 체육관에 스마트기술이 필요할까 싶지만, 스마트
기술 도입으로 교육의 질을 높이고 성과를 거두는 사례가 늘어나고
있다.

인천 검암동에 위치한 〈153합기도 대한합기도 해동검도(이하 대한합
기도)〉도 그중 하나다. 유근종 관장(56)은 2023년에 중소벤처기업부
와 소상공인시장진흥공단이 시행하는 '2023년 스마트상점 기술보급

사업' 지원을 받아 '굿바디'라는 체형측정기를 도입했다. 체형측정기 도입 후 체육관은 고객 맞춤형의 교육서비스를 제공하고 교육서비스의 수준을 높여 보다 체계적인 훈련을 할 수 있게 됐다.

스마트기술 도입으로 제2의 도약을 꿈꾸는 체육관에 어떤 변화가 찾아왔을까?

달리기를 좋아했던 소년… 인생의 스승을 만나다

인천에서 태어난 유 관장은 중학생 때 답답한 마음을 풀기 위해 무작정 달려봤는데 속이 후련해졌다. 그때부터 달리기 시작했다. 자꾸 뛰다 보니 저절로 운동 자체가 좋아졌다. 스무 살이 된 그는 막연하게 운동을 하고 싶었지만 그 당시 주변에는 체육관이 많지 않았다. 혼자 공원에 가서 발차기를 해보고 마라톤 대회에도 참가하며 운동에 대한 갈증을 해소했다. 그러던 어느 날 합기도 체육관을 발견한 후 며칠을 망설이다가 등록하고 운동을 시작했다.

일 년 정도 체육관을 다녔는데 새로 들어온 관장이 열심히 운동하는 청년 유근종을 눈여겨봤다. 관장은 그에게 각별한 관심을 주고 합기도를 비롯해 다양한 운동을 가르쳐 주며 자격증을 딸 수 있도록 도와줬다. 인생의 은인으로 생각하는 그 스승은 현재 동인천에서 체육관을 운영하고 있다. 두 사람의 인연은 지금까지 계속 이어지고 있다.

정부 지원과 지인 도움으로 체육관 창업했으나

결혼하고 가정이 생기자 유 관장의 어깨가 무거워졌다. 체육관을 창업하기로 결심했다. 마땅한 도장 공간을 찾았지만 투자비가 부족했다. 마침 지인이 근로복지공단의 보증금 100% 지원 제도를 알려줬다. 보증금 1억 원에 대한 이자만 부담하면 됐다. 인테리어와 시설비는 2천만 원 정도 들었는데, 지인들이 십시일반으로 도움을 줘서 마련할 수 있었다. 2004년 인천 서구 검암동에 〈대한합기도 해동검도〉를 오픈했다.

어렵게 문을 연 체육관이 잘 됐으면 좋았겠지만 3개월간 학생 0명, 매출도 0원이었다. 3개월이 지나고 나서야 4~5명이 들어온 게 전부였다. 아내와 전단지를 만들어 초등학교에 나가 배포도 해봤지만 적자가 계속됐다. 한동안 월세 120만 원을 마련하기 위해 주말마다 건

설현장에 나가 일을 하며 생계를 유지했다. 설상가상으로 거주하던 집이 경매로 넘어가 살 곳이 없어졌다. 체육관에서 아내와 함께 숙식을 해결했다. 인생에서 가장 혹독한 겨울이었다.

자격증만 10개… 부업하며 체육관 활성화 위해 노력

합기도장 운영이 여의치 않자 유 관장은 다른 방안을 생각했다. 유 관장은 미래를 대비해 다양한 운동 지도자 자격증을 따뒀는데 합기도, 해동검도, 주짓수, 유아체육 지도자 자격증, 요가 지도자, 외발자전거 등 보유한 자격증이 10개 정도다.

　미리 따둔 다양한 자격증은 사업 활성화에 도움이 됐다. 가장 먼저

활용한 것은 요가 지도자 자격증이었다. 요가 회원들을 모집했는데 2004~2005년 당시에는 요가를 가르치는 학원들이 많지 않아 회원들이 제법 모였다. 특히 어머니 회원들이 30명으로 불어났다. **요가를 배우는 어머니 회원들이 많아지면서 자연스럽게 자녀에게 합기도를 가르치려는 수요도 생겨 합기도와 검도를 배우려는 학생들도 늘어났다.**

외발자전거 자격증도 활용했다. 외발자전거는 초등학생들을 대상으로 가르친다. 외발자전거 수업은 체육관에서도 하고, 초등학교에 가서 특강도 하여 부가적인 수입을 얻고 있다.

스마트기술 도입해 제2의 도약을 꿈꾸다

자격증을 활용한 다양한 수업은 합기도장 활성화에 긍정적인 영향을 미쳤다. 현재 체육관에서 합기도를 배우는 학생들은 100명 정도 된다. 회원은 유치원생부터 성인까지 다양하다. 수업은 7개를 진행한다. **2023년에는 더 나은 서비스를 제공하기 위해 '굿바디'라는 체형측정기를 도입했다. 체형을 3D로 측정하면 신체의 삐뚤어지거나 틀어진 부분을 진단할 수 있다. 체형측정기의 분석 내용을 바탕으로 밸런스 패드나 요가 동작을 통해 학생들의 잘못된 체형을 바로 잡아주니 학부모들의 반응이 매우 좋다. 오다리나 엑스다리 교정도 해준다.**

체형측정기는 중소벤처기업부와 소상공인시장진흥공단에서 추진하는 '2023년 스마트상점 기술보급사업'에 신청해 설치했다. 총비용 700만 원 중 500만 원을 지원받아 250만 원만 자부담했다. 지인이 정보를 알려줘서 신청했는데 기술 도입 후 학생들에게 좀 더 체계적

인 맞춤형 훈련을 할 수 있게 됐다. 비용이 많이 들어가 정부 지원이 없었으면 엄두를 내지 못했을 텐데, 좋은 기회를 얻게 돼 감사하게 생각하고 있다.

고마운 사람들을 위해 최선을 다한다

"지금 내가 운동을 하고 있다는 것이 기적이라고 생각할 정도로 힘든 시간을 겪었고, 그때마다 도움을 준 많은 분들이 있었다."

유 관장에게는 고마운 사람들이 많다. 힘들 때나 좋을 때나 항상 함께 해준 아내와 그가 처음 체육관을 할 수 있도록 길을 터 준 스승님, 처음 체육관을 준비할 때 시설비를 도와준 지인들, 정부 지원사업에 대한 정보를 준 지인, 건축현장에서 일할 수 있게 도와준 소장님, 그 밖에도 오십만 원, 백만 원 등 십시일반으로 도와준 많은 지인들까지 셀 수 없이 많다.

　그는 고마운 분들을 위해서라도 최선을 다해 하루하루를 열심히 살고 싶다. 운동도 열심히 하고 몸 관리도 잘해서 체육관을 오래오래 유지하고 싶다. 아이들에게 배려심과 더불어 어려운 상황을 이겨낼 수 있는 정신력과 지혜를 가질 수 있도록 바르게 지도하는 것이 삶의 목표다.

───── **이경희(부자비즈 대표 컨설턴트)의 원포인트** ─────

소상공인들도 자기계발이 필요하다. 능력을 키우는 만큼 사업을 성장시킬 수 있기 때문이다. 유근종 관장이 자기계발을 위해 취득한 다양한 자격증은 체형측정기라는 스마트기술을 만나서 시너지 효과를 내고 매출 증대에도 도움이 되고 있다. 동네의 작은 체육관은 스포츠 유망주를 키우는 곳이라기보다는 지역 주민과 어린 학생들의 건강한 심신을 위한 기본기를 다지고 잡아주고, 운동을 통해 삶의 자세와 가치관까지 함양해주는 곳이다. 합기도를 비롯해 검도, 주짓수, 요가, 외발자전거에 이르기까지 한 장소에서 다양한 체육 솔루션을 제공해준 것이 지역민들로부터 사랑받는 비결이 되었다.

스마트기술 활용으로 더 똑똑해지는 상품과 서비스

헬스센터에서 **스마트 트레이너 앱**을 활용하면 회원들에게 개인화된 운동 계획과 영양 조언을 제공하고, 운동 기록을 추적하여 목표 달성을 도울 수 있습니다.

스마트 체형 분석기는 회원의 체형을 3D 스캐닝 기술로 분석해 신체 치수, 체지방률, 근육량 등을 정확히 측정하고 체형을 분석할 수 있어 개인 맞춤형 운동 계획을 제안할 수 있습니다.

스마트워치나 피트니스 트래커 같은 스마트 웨어러블 기기를 잘 활용하면 심박 수, 걸음 수, 소모 칼로리 등을 실시간으로 모니터링하고 운동 효율성을 분석할 수 있으며 맞춤형 피드백을 제공할 수 있습니다.

온라인 예약 및 스케줄 관리 시스템은 회원들이 온라인으로 수업 및 트레이닝 세션을 예약하고, 헬스센터의 운영 스케줄을 편리하게 확인할 수 있습니다.

Zoom이나 Google Meet 같은 툴을 이용해서 실시간 영상 스트리밍 수업을 진행하면 회원들이 언제 어디서나 수업에 참여할 수 있어 서비스 접근성을 높이고, 시간과 장소에 구애받지 않는 경험을 제공할 수 있습니다.

전자 겨루기 시스템 같은 AI 기반의 개인 트레이닝 시스템을 도입하면 AI가 회원의 운동 데이터를 분석하여 개인 맞춤형 운동 프로그램을 제공하고, 실시간 피드백을 할 수 있어 트레이너가 없어도 회원이 효율적으로 운동할 수 있으며, AI가 운동 자세를 모니터링하고 교정해줄 수도 있습니다.

헬스센터나 체육관 외에도 다양한 서비스 업종에서 스마트기술을 활용해 서비스의 품질을 향상시키고 고객들의 만족도를 높일 수 있습니다.

4장

배달 매장의 든든한 파트너,
스마트기술

연매출 7억, Z세대 사장의 스마트한 피자집 경영

서오릉피자 흑석점

상호	지역	규모	창업	도입 기술
서오릉피자 흑석점	서울 동작구 흑석동	16평	2021년	키오스크

도입 효과

주문 실수 줄고, 객단가 상승

Z세대들은 돈에 대한 관념이 뚜렷하다. 돈이 없으면 하고 싶은 일도 하지 못한다는 것을 잘 안다. 그래서 꿈이 부자가 되는 것이라고 말하는 청년들이 많다.

서울 흑석동에 위치한 〈서오릉피자 흑석점〉을 운영하는 29세의 천태령 사장도 돈을 많이 벌고 싶어서 창업했다. **원래는 배우가 꿈이었고, 대학 시절에 다수의 연극과 뮤지컬에도 출연했지만, 배우로는 먹고**

살기가 힘들다고 판단해 꿈을 접었다.

　대신에 창업을 선택했다. 천 사장에 앞서 피자집을 창업한 친구가 잘되는 것을 보고 장사를 따라 했지만, 초창기에는 생각만큼 돈이 벌리지 않았다. 그러나 포기하지 않고 기본을 지키며 성실하게 꾸준히 운영해서 피자집의 매출을 향상시켰다. 2023년 연매출 7억 원대를 올렸다. 지난해에 도입한 스마트기술도 매출 향상에 도움이 됐다. 키오스크 설치 후 객단가가 오르고, 직원 관리의 어려움도 해소했다. Z세대 청년 사장의 스마트한 경영 이야기를 들어본다.

친구 따라 강남? 친구 따라 피자집 창업에 도전

천 사장은 대학에 다닐 때도, 학교를 졸업한 후에도 다양한 아르바이트를 해왔다. 배달도 하고, 서빙도 하고, 주방에서도 일했다. 〈서오릉피자〉 본점에서도 1년 가까이 아르바이트했다. 초등학교 동창이 먼저 그곳에서 아르바이트하다가 천 사장을 비롯해 다른 친구들에게도 아르바이트할 수 있도록 소개해줬다.

그러던 어느 날 친구가 〈서오릉피자〉 본점을 양도 양수하여 창업했다. 그 뒤 다른 친구들도 창업하기 시작했다. 처음에는 별로 관심이 없었던 천태령 사장도 친구들이 월 1억 원대 매출을 올리며 성공하는 모습을 보자 창업에 관심이 생겼다. 결국 천 사장도 흑석동에서 점포를 찾아 창업하게 된다.

가게는 중앙대학교 병원 앞 아파트 단지 상가에 있어서 입지가 나쁘지는 않다. 총 창업비용으로 1억5,000만 원 정도 들었다. 보증금 5,000만 원, 월세 315만 원에 권리금은 공실이라 없었다. 8,000만 원은 빌렸고, 나머지는 벌어놓은 돈으로 충당했다. 그렇게 2021년 9월에 가게 문을 열었다.

오픈 후 첫 달 매출은 4천만 원을 기록했다. 기대에 못 미쳐 실망스러웠다. **하지만 본사에서 제공한 레시피와 매뉴얼을 지키고, 영업시간을 준수하고, 청결하게 청소하고, 잠을 줄여가며 매장을 운영하자 6개월 후부터는 매출이 오르기 시작했다.** 2023년에는 7억 원대 매출을 달성했다.

재방문율 90%의 비결은?

높은 매출의 일등 공신 중 하나는 높은 재방문율이다. 비결은 '직접 만드는 도우'다. 〈서오릉피자〉는 점주가 매장에서 직접 도우를 만든다. 매일 아침에 반죽해서 숙성기에 넣고 1시간가량 숙성을 시켜 도우를 만들고 있다.

그렇게 매일매일 만드는 도우로 피자를 조리하기 때문에 피자 맛이 부드럽고 식어도 딱딱해지지 않고 소화도 잘된다는 평가를 받는다. 피자를 좋아하는 사람들은 도우의 차이를 알기 때문에 한 번 찾아온 고객은 재방문을 한다. 재방문율이 90%나 된다.

본사의 '다양한 할인 정책'도 매출을 높인 비결 중 하나다. 〈서오릉피자〉는 할인이벤트를 많이 한다. 방문 포장 시 피자 한 판당 5,000원씩 할인해준다. 특히 단체 주문이 많다. 10박스를 주문하면 5만 원이 할인되기 때문이다. 배달로 판매하는 것보다 5,000원 할인해주고 포장판매를 하는 것이 점주에게는 더 이득이다. 때문에 천 사장도 포장판매에 더욱 주력하고 있다.

정보 교환도 매출 비결 중 하나

'친구들과의 정보 교환'도 매출을 높이는 데 일조한다. 현재 천 사장의 친구 10명 정도가 〈서오릉피자〉 가맹점을 운영하고 있다. 주로 서울 인천권에서 운영한다. 한 명이 성공하는 모습을 보여주자 친구들이 잇달아 창업하다 보니 그렇게 됐다.

친구들과 주로 교환하는 정보는 '직원 관리 노하우', '원가 절감법', '손님 응대 사례', '식자재 마트 이용 팁', '사업자 지출카드 사용법' 등이다. 이러한 정보는 돈 주고도 살 수 없는 실전 정보라 경영에 도움이 많이 된다.

객단가를 높여준 이것은?

직원 관리를 잘하는 것도 피자 가게 운영의 중요한 열쇠다. 초창기 천 사장은 직원 관리 때문에 스트레스가 많았다. 구인난으로 애를 먹었고 사장이 있을 때와 없을 때 직원들의 근무 태도가 달라지는 것도 속상하게 했다. 다행히 현재 함께 일하는 직원들은 성실하다. 직원들을 위해 보너스도 마련하고 직원복지에도 신경 쓴다.

2023년에 도입한 '키오스크'도 매장 운영에 큰 도움이 된다. 중소벤처

기업부와 소상공인시장진흥공단이 시행하는 '2023년 스마트상점 기술보급사업'에 선정돼 키오스크를 도입했다. 효과는 기대 이상이다. 배달과 내점 고객이 함께 몰릴 때는 주문 실수가 종종 발생했는데 키오스크를 도입한 후부터는 주문 실수가 줄었다. 무엇보다 객단가가 올라 매출이 높아졌다.

스마트기술 도입 비용은 부가세 17만 원 정도 들었다. 원래는 정부에서 기술도입 비용의 70%를 지원해주고, 자부담금이 30%인데, 자부담금 30%를 동작구청에서 지원해줬다. 스마트상점 기술보급사업에 선정된 소상공인을 대상으로 지자체에서 지원해주는 사업이다. 비용도 거의 들지 않고 효과도 만점이라 **천 사장은 키오스크 도입에 매우 만족한다. 지원을 많이 받은 만큼 책임감도**

더 느낀다.

소득의 90% 저축… 내 집 마련이 꿈

천 사장은 평일 시간의 대부분을 가게에서 보내지만, 주말에는 되도록 직원들에게 일을 맡기고 쉬는 편이다. 쉴 때는 주로 운동을 한다. 특별한 취미는 없다. 취미생활을 하는 데도 돈이 든다. **천 사장은 허투루 돈을 쓰지 않는다. 소득의 90%를 저축할 정도로 알뜰하다. 이렇게 돈을 모으는 이유는 하루빨리 '내 집'을 마련하고 싶기 때문이다.** 앞으로 결혼도 하게 되면 가장으로서 책임을 다하고 싶다.

천 사장은 돈 때문에 꿈을 접은 기억이 있다. 그래서 앞으로 돈 때

정상을 향해 서서히 오르고자 하는 우리의 의지를
뚜렷하게 담아내고 다짐하기 위해
서오릉피자라 정했습니다.

똑똑한 장사

문에 무엇을 못 하는 일은 없길 바란다. 지금의 가게를 꾸준함과 성실함으로 계속해서 운영하여 경제적으로 자유로워지는 게 천 사장의 목표다.

── 이경희(부자비즈 대표 컨설턴트)의 원포인트 ──

청년들의 진로에서 직장생활 못지않게 아르바이트 경험도 중요하다. 아르바이트는 단기 소득에도 도움이 되지만 때로는 인생의 전환점이 되기도 한다. 많은 청년들이 아르바이트를 하면서 적성과 재능, 새로운 기회를 발견한다. 특히 식당의 경우 현장경험은 창업 실패를 줄이는 데 큰 도움이 된다. 천태령 사장도 아르바이트에서 새로운 도전의 기회를 발견했다.

MZ 사장들은 생계형에 안주하지 않고 식당을 기업형으로 성장시키는 사례가 많다. 〈아우어베이커리〉, 〈도산분식〉처럼 식당 운영 경험을 발판 삼아 브랜드 기획사로 발전하는 사례도 있고, 사업 경험을 콘텐츠와 결합해 크리에이터가 되기도 한다. 〈꾸브라꼬 숯불 두 마리 치킨〉처럼 프랜차이즈로 사업을 확장하는 경우도 많다. 〈만월회〉처럼 커피숍 운영 경험을 음료 제조 및 유통업으로 발전시키기도 한다.

천태령 사장은 경제적인 이유로 배우의 꿈을 접고 생계형 피자집을 창업했지만 계속 배우고 노력한다면 얼마든지 더 큰 도약의 기회를 만들어나갈 수 있다. 디지털 역량이 뛰어난 청년 사업가라면 푸드테크와 스마트기술을 통해 피자 매장을 글로벌화한 〈고피자〉처럼 프랜차이즈 기업을 테크형 기업으로 키워나가는 꿈도 꿀 수 있다.

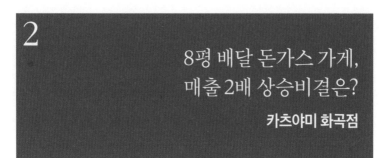

2

8평 배달 돈가스 가게, 매출 2배 상승비결은?

카츠야미 화곡점

상호	지역	규모	창업	도입 기술
카츠야미 화곡점	서울 강서구 화곡동	8평	2021년	키오스크, 디지털 사이니지

도입 효과

홀 손님 원활한 응대로 매출 2배 상승,
메뉴 홍보 영상으로 고객 응대

코로나19로 배달 전문점들이 크게 성장했으나 코로나 이후 배달 수요 감소와 수수료 상승으로 어려움을 겪고 있다.

　서울 강서구 화곡동에 있는 〈카츠야미 화곡점〉도 시작은 배달 전문점이었다. 그러나 수익성이 나빠지면서 2023년 여름부터 홀 영업을 시작했다. 배달과 홀 영업을 병행할 때 가장 큰 문제는 고객 응대다. 소규모 식당들은 배달 응대와 조리를 병행하면 홀 손님에게 소홀해

지기 마련이다.

〈카츠야미 화곡점〉 이승태 사장(48)은 2023년에 정부 지원사업으로 매장을 디지털 전환하면서 이 문제를 해결했다. 매출도 올랐다. 배달만 하던 8평짜리 돈가스 가게는 어떻게 매출을 두 배로 높였을까?

호떡·꽈배기 가게로 창업 시작… 시행착오를 겪다

이승태 사장은 대학을 졸업하고 시계 회사에 다녔다. 3년 정도 일한 후, 몇 번의 이직을 거쳤다. 40대가 되자 나만의 확실한 일을 찾아 정착하고 싶어졌다. 이 사장은 창업을 택했다.

첫 창업은 호떡·꽈배기 가게였다. 2년 정도 운영했다. 장사가 잘되다가 인근에 프랜차이즈 꽈배기 집이 들어오면서 경쟁이 치열해졌다.

결국 버티지 못하고 문을 닫았다.

그 후 한식 프랜차이즈와 개인 배달 식당 〈정승밥상〉을 오가며 장사를 했다. 그런데 프랜차이즈는 물류 원가가 낮아서 남는 게 없었다. 개인 배달 식당은 정보 부족과 체계적인 운영이 안 돼 어려움을 겪었다. 이 모든 게 외식업 초보자가 겪는 시행착오 과정이었다.

가맹점주에게 자율권 주는 오픈마인드의 본사 선택

〈정승밥상〉을 그만둔 이승태 사장은 프랜차이즈를 선택하되 가맹점의 자율권을 보장해주고 물류비용도 저렴한 브랜드를 선택했다. 아이템은 '돈가스'로 정했다. 〈정승밥상〉을 운영할 때 돈가스를 만들어 본 경험이 있었고, 돈가스는 호불호가 없는 대중적인 음식이기 때문이었다.

이 사장은 〈카츠야미〉라는 브랜드를 선택했다. 가맹점 수도 적고 겉보기에 화려한 브랜드는 아니었지만, 저렴한 가격 대비 돈가스 퀄리티가 높았다. 무엇보다 가맹 본사의 열린 경영이 마음에 들었다. 본사 지정품목 30% 외에는 매장의 식재료를 자체 사입할 수 있고, 메뉴도 가맹점주가 기본 레시피를 변형할 수 있었다. 2021년 9월 이 사장은 매장을 〈카츠야미 화곡점〉으로 리뉴얼해 재창업 했다. 주방은 그대로 사용하고 간판과 시설 몇 가지만 바꿨다. 매장 리뉴얼에 500만 원 정도 들었다.

일본에서 배웠냐며 극찬받은 비결

기대 반 걱정 반으로 〈카츠야미 화곡점〉을 오픈했는데 반응이 좋았다. '내가 먹어본 돈가스 중 가장 맛있다. 일본에서 돈가스 만드는 법을 배웠냐'라는 칭찬도 들었다. 이승태 사장의 비결은 무엇일까?

첫째, 맛을 위한 노력이다. 이 사장은 본사에서 돈가스 원물을 공급받은 후 고기를 직접 숙성시킨다. 3일 동안 숙성하는 게 포인트이다. 담금주로 마리네이드를 해서 숙성시킨다. 그래야 육즙이 당기고 맛이 깊어진다. 튀기는 데도 이 사장만의 노하우가 들어간다. 돈가스를 튀길 때는 당일 날씨와 온도, 습도까지 고려한다. 눅눅해지지 않도록 하기 위해서다.

둘째, 고객 입장에서 생각한다. 〈카츠야미 화곡점〉에는 아기 엄마들도 배달을 많이 시킨다. 엄마들은 아기와 먹는 거라며 좀 더 신경 써

달라고 요청하는 경우가 많다. 이승태 사장은 이런 요청에 당황하지 않는다. 평소 기름 관리를 철저히 하고 있기 때문이다. 덕분에 아기 엄마들로부터 아기와 맛있게 먹었다는 감사 인사를 자주 받는다.

셋째, 고객과의 소통이다. 배달 전문점이 고객과 소통하는 방법은 리뷰가 유일하다. 이 사장은 리뷰를 꼼꼼하게 체크하면서 고객들의 반응을 실시간으로 파악해 메뉴와 가게 운영에 반영하고 있다.

매출을 2배로 상승시킨 이것!

이승태 사장은 2023년 8월부터 홀 영업을 시작했다. 코로나19가 끝나고 배달 수요가 줄어들고 오프라인 영업이 활성화되면서부터다.

그런데 문제가 발생했다. 배달 주문받고 조리하느라 홀 손님 응대를 제대로 하기가 힘들었다. 내점 고객을 받으려면 직원을 1명 더 채

용해야 하는데 추가 인건비를 상쇄할 만큼 소득이 늘어나지 않으면 내점을 병행하는 의미가 없다.

이 사장은 이 문제를 스마트기술로 해결했다. 우연히 중소벤처기업부와 소상공인시장진흥공단이 시행하는 '2023년 스마트상점 기술보급사업'에 대한 정보를 알게 돼 신청했다. 다행히 높은 경쟁률을 뚫고 선정이 돼서 키오스크와 디지털 사이니지를 설치했다. 총비용의 70%를 정부에서 지원받아 기술 도입에 따른 비용 부담을 덜 수 있었다.

키오스크는 주문이 몰려 홀 손님 응대를 못 할 때 유용하다. 디지털 사이니지는 가게 홍보 영상을 틀어놓을 수 있어 별도 설명 없이도 메뉴 홍보자 역할을 톡톡히 한다. 키오스크와 디지털 사이니지가 직원 1명 몫을 해주기 때문에 추가 인력이 필요 없다. 이승태 사장에게 스마트기술은 천군만마와도 같다.

직접 개발한 메뉴로 개인 브랜드 론칭하는 게 꿈

이승태 사장은 지금은 8평짜리 작은 가게를 운영하고 있지만, 언젠가는 좀 더 넓은 매장으로 이전하는 게 목표다.

직접 개발한 오코노미야끼와 야끼소바를 좀 더 업그레이드해서 개인 브랜드를 론칭해 보고 싶다. 좋은 음식은 사람을 행복하게 만든다

104

는 게 이 사장의 장사철학이다. 그 철학대로 자신이 만든 음식을 먹은 사람들이 모두 행복감을 느끼기 바란다.

———— 이경희(부자비즈 대표 컨설턴트)의 원포인트 ————

〈도미노 피자〉가 세계 1위의 피자 브랜드가 될 수 있었던 비결 중 하나는 주문 결제의 편의성을 극대화하고 디지털로 전환한 것이었다. 〈스타벅스〉의 성공 뒤에도 '사이렌 오더'라고 하는 스마트기술이 있었다.

최근 배달 플랫폼의 계속된 정책 변화로 배달 식당들이 큰 어려움을 겪고 있다. 홀 영업을 강화하면 치솟는 배달 수수료 부담으로 수익성이 악화하고 있는 배달 식당의 어려움을 어느 정도 해소할 수 있다.

배달 식당들이 내점 영업을 강화하지 못하는 이유는 배달과 내점을 병행할 경우 고객 응대와 서비스에 문제가 생기기 때문이다. 키오스크와 디지털 사이니지는 이 문제를 해결하는 데 유용하다.

요즘은 셀프 서비스가 일반화되어 있고 테이크아웃 수요도 많아 식당이 주문과 결제에서 해방되면 작업환경이 크게 개선된다. 디지털 사이니지도 단순히 메뉴를 전시하는 데 그치지 않고 고객 소통, 정보 제공, 메뉴 프로모션과 업세일 기능을 통해 매장의 마케터 역할을 해줄 수 있다.

여러 번 실패를 경험한 영세 소상공인과 청년창업자일수록 적은 비용으로 시작할 수 있는 배달식당 창업을 선호한다. 취약계층이 많은 배달 식당들이 악화되는 배달 환경을 극복하고 내점 영업을 강화할 수 있도록 스마트기술 도입에 대한 정부의 지속적인 지원이 요구된다.

3

음식 배달하며
PC방 매출 10% 상승시킨 스마트기술은?
피씨앤푸드

상호	지역	규모	창업	도입 기술
피씨앤푸드 영등포점	서울 영등포구 영등포동3가	120평	2019년	키오스크와 재고관리 시스템

도입 효과

매출 10% 상승,
식자재 로스율 감소

코로나19로 어려움을 겪었던 PC방들이 매출 증대를 위해 다양한 시도를 하고 있다. PC방과 정육점을 결합한 이색공간도 생겨났다. 가장 많은 시도가 PC방과 음식점을 접목한 것이다.

서울 영등포에 위치한 〈피씨앤푸드 영등포점〉도 시작은 PC방으로 출발했지만, 코로나를 기점으로 식음료를 강화했다. 24시간 운영되는 이곳은 2023년 연매출이 5억 원 정도 된다. **PC방 매출과 음식 매**

출이 5대 5일 정도로 음식 비중이 크다.

PC방에 음식점을 결합했을 때 가장 복잡해지는 게 주문 결제 응대와 식자재 관리다. 〈피씨앤푸드 영등포점〉은 이 문제를 해결하기 위해 2023년에 정부 지원사업으로 키오스크와 재고관리 시스템을 도입했다. 덕분에 매출이 10% 상승하고, 식자재 관리도 수월해졌다.

〈피씨앤푸드 영등포점〉은 3명의 사장이 운영하고 있다. 투자만 하고 이익금을 배당받는 윤지원 사장(49)과 공동투자자인 이영재(24), 장성덕(28) 사장이다. 운영을 담당하는 이영재, 장성덕 사장을 통해 PC방 매출 상승의 비결을 들어본다.

PC방 아르바이트하다가 투자에 참여

수영선수였던 이영재 사장은 허리부상으로 꿈을 포기하고 PC방에서 아르바이트를 시작했다. 월급의 50% 이상을 저축하며 좌절된 꿈에 대한 미련을 떨치기 위해 애를 썼다. 아르바이트하며 사이버대학교에 등록해 공부도 했다.

그런데 뜻밖의 기회가 찾아왔다. 아르바이트하던 〈피씨앤푸드 남양주점〉에서 〈피씨앤푸드〉 가맹 본사 대표와 투자형으로 PC방을 운영하고 싶어 하는 윤지원 사장을 만난 것이다. PC방 창업을 하고 싶었던 이영재 사장에게는 더할 나위 없이 좋은 기회였다.

이 사장은 단순히 운영만 하는 게 아니라 공동투자로 파트너가 되고 싶었다. 그래야 좀 더 동기부여가 되어 열심히 할 수 있을 것 같았다. 투자도 하고 함께 일도 할 수 있는 파트너도 구했다. 〈피씨앤푸드〉 다른 지점에서 아르바이트하던 장성덕 씨다. 의기투합한 두 사람은 윤지원 사장이 투자한 〈피씨앤푸드 영등포점〉에 각각 5천만 원을 투자해 지분을 갖고 운영을 맡기로 했다.

코로나에 맞서 음식 배달로 승부수

2019년 3월에 오픈한 〈피씨앤푸드 영등포점〉은 입지가 좋다. 영등포역에서 3분 거리이고, 타임스퀘어 맞은 편이다. 본관과 별관을 합쳐서 120평이다. 좋은 입지 덕분에 첫 달에 매출 7000만 원을 올렸다. 2020년에 합류한 이영재, 장성덕 사장이 PC방을 잘 운영한 덕분에 매출은 꾸준히 상승했다. **그런데 코로나가 발생하면서 사회적 거리두**

기 강화로 매출이 50% 이상 하락했다.

실의에 빠져 있던 두 청년 사장은 돌파구를 찾으려고 애썼다. 고민 끝에 생각해 낸 것이 음식 배달이었다. PC방 한 편에서 간단히 판매하던 음식 종류를 강화하고 거기에 배달을 접목해 판매하기로 한 것이다. 〈타코장인〉, 〈닭강정장인〉 등의 배달 브랜드도 론칭했다. 배달 음식은 코로나 기간 동안에 떨어진 매출을 보완해줬다. 코로나가 끝난 지금은 배달을 포함한 음식 매출이 전체 매출의 50%를 차지할 정도로 없어서는 안 될 효자 아이템이 됐다. 이에 힘입어 〈피씨앤푸드 영등포점〉의 2023년 매출은 5억 원을 기록했다. 비결은 무엇일까?

퀄리티 높은 PC방 맞춤 음식과 차별화된 인테리어

첫째 '퀄리티 높은 PC방 맞춤 음식'이다. 〈피씨앤푸드 영등포점〉의 음식 수준은 일반 식당 못지않다. 직접 반죽해서 만드는 닭강정과 타코야키도 전문점 수준이다. 덮밥이나 라면에 빼놓을 수 없는 달걀도 '수비드 방식'으로 익힌다. 퀄리티만 높다고 고객이 만족하는 것은 아니다. PC방 음식은 고객 성향에 맞춰야 한다. 예를 들어 라면은 너무 익히면 안 된다. 고객들이 게임을 하면서 라면을 천천히 먹기 때문에 약간 꼬들꼬들한 상태로 제공해야 맛있게 먹을 수 있다.

둘째 '고객 취향을 고려한 차별화된 인테리어'다. 〈피씨앤푸드 영등포점〉은 본관과 별관으로 구분된다. 본관과 별관의 인테리어는 다르다. 본관은 조명을 밝게, 별관은 어둡게 했다. 밝은 곳에서 게임을 하고 싶으면 본관으로, 어두운 곳에서 조용히 즐기고 싶으면 별관으로 가면 된다.

매출 10% 상승한 비결은 이것!

셋째 '스마트기술 도입'이다. 〈피씨앤푸드 영등포점〉은 2023년에 중소
벤처기업부와 소상공인시장진흥공단이 시행하는 '2023년 스마트상
점 기술보급사업'에 선정돼 '키오스크'와 '재고관리 시스템'을 도입했
다. 두 기술이 어떻게 매출 향상에 도움을 줬을까?

'키오스크'로 음식 주문과 음식 포장 주문을 할 수 있다. 고객이 키
오스크를 통해 비대면으로 자유롭게 음식 주문을 할 수 있게 되면서
포장 주문이 10% 정도 늘었다. '재고관리 시스템'도 매장 운영 효율
을 높이는 데 도움이 된다. 재고관리 시스템은 프로그램에 식자재와
레시피를 입력해놓으면 판매량에 따라 부족한 재고에 대한 알림이 오

는 방식이다. 100% 정확하지는 않지만, 재고가 없어서 음식을 못 팔거나, 유통기한이 지나서 식자재를 버려야 하는 경우가 줄어들어 로스율이 감소했다. 이는 곧 매출 향상으로 이어진다. 스마트기술에 도입한 자부담금은 150만 원 정도다. 정부에서 총비용의 70%를 지원받았다.

다양한 음식 브랜드와 협업, 식음료 강화할 계획

이영재, 장성덕 사장은 스마트기술 도입으로 〈피씨앤푸드 영등포점〉을 한 단계 성장시켰다. 앞으로 과일 브랜드, 한식 브랜드와의 협업도 계획 중이다.

식음료 부문을 더욱 강화해 게임을 하기 위해 찾아가는 PC방을 넘어, 식사하기 위해 찾는 PC방으로 거듭나는 게 목표다. 이를 통해 고객들이 새로운 경험을 할 수 있는 이색공간으로 기억되는 게 청년 사장들의 바람이다.

〈피씨앤푸드〉의 똑똑한 경영 포인트

1. 고객을 찾아가다. 코로나 팬데믹 같은 상황에서 앉아서 고객을 기다리지 않고 배달을 강화해 적극적으로 고객을 찾아갔다.

2. 품질을 높이다. 일반적인 PC방에 비해 음식 품질을 업그레이드했다.

3. 편의성. 키오스크와 재고관리 시스템을 도입해 고객과 운영 편의 등 두 마리 토끼를 잡았다.

———— 이경희(부자비즈 대표 컨설턴트)의 원포인트 ————

PC방 사업 성공에서 PC 사양과 쾌적한 공간의 중요성은 여전하지만 요즘 PC방의 변화는 더욱 다채롭다. 단순히 끼니를 때우는 수준이 아니라 식당에 도전장을 내미는 수준으로 음식을 제공하거나 코인노래방, 비어존, 포토존은 물론 지능화된 서비스와 콘텐츠가 결합된 복합공간도 등장하고 있다. PC방처럼 규모가 크고 복합적인 공간은 초기투자가 많이 드는 만큼 투자비 회수계획과 운영 효율성에 신경을 써야 한다. 스마트기술을 활용한 운영과 통제는 복합공간으로 진화하는 PC방에 필수적인 요소다.

배달 음식점의 내점 영업 지원해주는 스마트기술

코로나 팬데믹 이후 음식 배달 사업이 급성장했습니다.

팬데믹이 종식되면서 많은 배달 음식점들이 수익성 개선을 위해 내점 고객을 유치하기 위해서 노력하고 있습니다. 배달 매장이 내점 영업을 강화하려면 고객 경험을 향상시키고 편의성을 제공하는 스마트기술에 관심을 가져야 합니다.

네이버 스마트 플레이스처럼 모바일 주문과 결제, 예약을 강화하면 고객은 주문을 위해 줄 서거나 대기할 필요가 없어져 편의성이 커집니다.

매장에 키오스크를 설치하면 주문 정확도가 높아지고 대기 시간을 줄일 수 있으며 사업자는 조리에 더 집중할 수 있습니다. 대기 시간 알림 시스템을 도입하면 고객들이 매장에 도착했을 때 기다리는 과정이 한결 편리해지고 고객들은 대기 시간을 예측해 효율적으로 시간을 활용할 수 있습니다.

키오스크 등에 포함된 고객 로열티 프로그램을 통해 고객들의 주문 금액에 따라 포인트를 적립하고, 적립된 포인트로 할인이나 혜택을 받을 수 있게 하면 고객 충성도가 높아지고 더 자주 방문하도록 유인할 수 있습니다.

스마트기술을 통해 배달 매장은 내점 고객을 유치하고 유지함으로써 배달 음식점은 배달과 내점 영업을 모두 강화해 매출을 높일 수 있습니다.

5
장

스마트 기술 도입하니 직원들이 날아다닙니다

1

연 8억 매출, 강릉 이색 해물요리 맛집이
구인난 해결한 비결은?

내마음에찜 강릉본점

상호	지역	규모	창업	도입 기술
내마음에찜 강릉본점	강원도 강릉시 임당동	80평	2019년	테이블오더

도입 효과

구인난 해소,
주문 실수 및 주문 누수가 없음

천석꾼은 천 가지 걱정, 만석꾼은 만 가지 걱정을 한다는 말이 있다.
사람들에게는 저마다 한 가지씩 걱정이 있게 마련이다.

강원도 강릉시 임당동에 위치한 해물요리 전문점 〈내마음에찜 강
릉본점(이하 내마음에찜)〉은 현재 연 8억 원 정도의 매출을 올린다. 코
로나가 한창일 때는 연 10억 원대 매출을 올렸다. 코로나로 해외여행
을 가지 못하는 사람들이 지방 관광지로 몰려온 덕분이다.

높은 매출에 걱정 하나 없을 것 같은 〈내마음에찜〉의 고정숙 사장 (42)에게도 고민거리가 있었다. 직원들의 잦은 입·퇴사다. 힘든 식당 일을 꾸준히 하려는 직원은 많지 않았다. 믿고 일을 맡겼는데 갑자기 안 나오는 경우도 많았다. 현재 근무하는 직원들도 언제 그만둘지 몰라 항상 불안한 마음을 갖고 있다. 그런 고 사장은 2023년 스마트기술을 도입하면서 직원에 대한 고민을 한층 덜게 됐다.

코로나 때 오히려 매출이 올라 사업 확장

〈내마음에찜〉은 고정숙 사장 시어머니의 소일거리로 작게 시작한 배달 전문점이었다. 그런데 생각한 것보다 장사가 잘됐다. 연매출이 4억 원이나 돼 시어머니 혼자 운영할 수 있는 범위를 넘어서게 됐다.

그러던 와중에 코로나19가 발생했다. 해외여행이 자유롭지 못하게 되자 강릉 지역 관광객이 늘어나면서 지역 식당들은 오히려 매출이 오른 곳이 많았다.

〈내마음에찜〉도 마찬가지였다. **고 사장의 매장은 강릉중앙시장과 가까워 시장을 구경하러 온 관광객들이 자주 찾는 맛집이 됐다.** 당시에는 배달만 했는데 매장에서 먹고 갈 수 없냐고 묻는 손님들이 많았다. 고정숙 사장과 가족들은 지금이 기회라는 생각이 들었다. 의논 끝에 인근에 80평 규모의 매장을 얻어 확장 이전을 했다.

똑똑한 장사

연 8억 매출의 비결은 '개성 있는 메뉴'와 '한결같은 맛'

고정숙 사장은 원래 직장인이었는데 매장이 확장 이전하면서 남편과 함께 식당 경영에 합류했다.

처음에는 직원을 채용해서 운영할 생각이었지만, 힘든 일을 꺼리는 풍조 때문에 식당의 직원 채용은 하늘에 별따기만큼 힘들었다. 구인난으로 가족이 힘을 합칠 수밖에 없었다.

가족의 노력으로 가게가 안정되고 매출은 점점 상승했다. 〈내마음에찜〉이 연 8억 원대의 매출을 올리는 비결은 뭘까?

첫째 개성 있는 메뉴다. 〈내마음에찜〉의 시그니처 메뉴는 해산물과 갈비를 접목시킨 '매운 소갈비 모듬해물찜'이다. 푸짐한 해산물에 소

갈비까지 즐길 수 있어 인기다.

둘째 화려한 비주얼이다. '눈에 좋은 것이 맛도 좋다'. 맛은 물론 비주얼까지 화려해 손님들의 눈길을 사로잡기에 충분하다.

셋째 퀄리티 있는 서비스 메뉴다. 〈내마음에찜〉은 '양념게장'을 매일 매장에서 직접 만들어 기본 반찬으로 제공한다. 절단 꽃게를 사용해 강릉식으로 맑게 끓인 '강릉식 게국'도 인기다.

넷째 한결같은 맛이다. 아무리 개성 있고 맛 좋은 음식이라도 맛이 들쑥날쑥하면 가게에 대한 신뢰도가 떨어진다. 〈내마음에찜〉은 시어머니가 매일 아침 식당에 나와서 맛 관리를 하기 때문에 한결같은 맛을 낼 수 있다.

맛집 사장의 최대 고민은 직원 관리

강릉에서 핫한 맛집을 운영하고 있지만 고 사장에게는 해결되지 않는 고민거리가 있었다. 바로 직원 관리와 구인난이다. **가족처럼 잘해줘도 하루아침에 그만두는 직원 때문에 마음의 상처도 많이 받았다.**

그래도 지금 함께하는 직원들은 성실하게 근무해서 안심이지만, 마음 한 편에는 '언젠가 그만두겠지'라는 불안이 항상 자리 잡고 있다. 직원이 한 명이라도 그만두면 새 직원을 구하기도 힘들어 항상 신경을 곤두세워야 한다.

스마트기술 도입으로 구인 불안 해소

식당 운영보다 힘든 직원 관리로 항상 불안해하던 고 사장은 이를 어느 정도 해소할 대안을 찾았다.

중소벤처기업부와 소상공인시장진흥공단이 시행하는 '2023년 스마트상점 기술보급 사업'에 선정돼 테이블오더를 도입한 것이다. 테이블오더 19대를 설치했는데 전체 기술 도입 비용 1천만 원 중 500만 원을 국비로 지원받았다.

테이블오더 도입 후 직원과 손님 모두 편안해하고 만족하고 있다. 주문부터 음식 제공까지 속도도 빨라졌다. 가장 큰 효과는 주문 실수나 누락이 없다는 것이다. 손님도 본인이 무엇을 먹었는지 중간중간에 파악하고 금액이 얼마인지를 아니까 주문 결제가 정확해졌다. 테이블오더는 직원 한 명 몫을 톡톡히 하고 있다.

직영 2호점 시작으로 사업 확장 계획

스마트기술 도입으로 사업을 안정시킨 고정숙 사장은 2024년을 사업 확장의 원년으로 삼을 예정이다.

〈내마음에찜 강릉본점〉 이외에 직영점을 한 곳 더 내고, 사업이 충분히 검증되면 가맹사업도 진행할 예정이다. 또 온라인 쇼핑도 준비 중이다. 두 가지가 순조롭게 진행되면 해물요리와 수산물 외에 더 다양한 품목을 취급하는 온라인 유통사업에도 도전해보고 싶다.

—— 이경희(부자비즈 대표 컨설턴트)의 원포인트 ——

〈내마음에찜 강릉본점〉의 성공 비결은 첫째도, 둘째도 음식 경쟁력이다. 디지털 역량은 맛에 고속 엔진을 달아줄 수 있다. 고정숙 사장은 적극적으로 온라인 마케팅을 하고 있고, 테이블오더 도입을 통해 매장 운영의 효율성을 높이고 구인난에 대한 고민도 덜었다.

고 사장의 남편은 이미 해물 유통업체에 진출했고 앞으로 온라인 쇼핑몰과 프랜차이즈 사업 확장도 계획하고 있다. 강릉의 맛집에서 전국적인 기업으로 성장하려면 브랜드 마케팅은 물론이고 표준화된 운영 시스템을 만드는 것도 중요하다. 특히 가맹점의 효율적인 운영을 위해 한식 주방 조리자동화와 테이블오더 및 서빙로봇이나 청소로봇 활용 등의 디지털 전환 전략에도 관심을 가질 필요가 있다.

2

바닷가 국숫집
구인난 해결한 비결은?
마시안제면소

상호	지역	규모	창업	도입 기술
마시안제면소	인천 중구 덕교동	80평	2023년	테이블오더

도입 효과

구인난 해소,
테이블 회전율 20~30% 빨라져 매출 10% 상승

바닷가에 위치한 식당은 관광객이 주고객이다. 주말이면 바닷가를 찾는 사람들로 인산인해를 이룬다. **인천 을왕리해수욕장 부근에 있는 〈마시안제면소〉도 그렇다. 주말 매출이 평일보다 2배가량 높다.**

〈마시안제면소〉의 박용하 사장(40)은 바닷가라는 위치의 특성으로 고민이 있었다. 처음에 막국수 전문점으로 출발하다 보니 계절에 따라 매출 편차가 심했다. **또 손님이 몰리는 여름 성수기에는 평소보다**

더 많은 직원이 필요했지만, 식당이 외진 곳에 있어 직원 채용이 쉽지
않았다.

　그런데 박 사장은 2023년 구인난 고민을 어느 정도 해결했다. 중소
벤처기업부와 소상공인시장진흥공단이 시행하는 '2023년 스마트상
점 기술보급사업'에 선정돼 테이블오더를 도입했다. 테이블오더는 직
원 1.5명 몫을 톡톡히 해낸다. 손님이 직접 주문하기 때문에 직원들
의 일손이 그만큼 줄어들었다.

　구인난도 해결하고, 가게가 입소문이 나면서 매출도 오르고 있어
박 사장은 요즘 힘든 줄 모르고 일한다. 계절에 따른 매출 차이도 해
결하니 바닷가 음식점인데도 월평균 6천만 원의 매출을 올리고 있다.

박용하 사장의 성공비결은 무엇일까?

프랜차이즈 가맹점에서 개인 매장으로 전환

박 사장은 대학에서 디자인을 전공했다. 졸업 후에는 인쇄, 출력, 해외 판촉물을 만드는 회사에서 근무했다. 4년 정도 직장을 다닌 후 영종도 내의 호텔에서 7년가량 근무했다. 호텔 운영 전반을 책임졌고, 호텔에서 운영하는 한식당과 양식당 운영도 맡았다. 그는 이때의 경험을 살려 창업을 결심하고 막국수 체인점을 오픈했다.

막국수 체인점은 비교적 잘됐다. **하지만 막국수라는 음식 특성상 여름에는 매출이 올랐으나 겨울에는 매출이 뚝 떨어졌다.** 다른 메뉴를 도입하고 싶어도 프랜차이즈라 메뉴 개발에 자율성이 없었다.

박 사장은 프랜차이즈가 아닌 개인 국숫집으로 업종전환을 계획

했다. **막국수는 유지하고 칼국수를 추가한 자가제면 막국수&칼국숫집이다.** 막국수집에서 시즌메뉴로 칼국수를 팔고, 칼국숫집에서 시즌메뉴로 막국수를 판매하는 것이 아닌, 막국수와 칼국수를 동시에 판매하는 국숫집을 차리기로 했다. 그렇게 해서 탄생한 것이 〈마시안제면소〉다.

〈마시안제면소〉는 2023년 1월에 오픈했다. 1월 첫 달 매출이 3~4천만 원대였고, 2023년 여름 8월에는 7~8천만 원을 올렸다. 현재 월평균 매출은 6천만 원 정도다.

15가지의 다양한 메뉴… 육수 끓이는 데만 이틀 걸려

〈마시안제면소〉의 성공비결은 **첫째 '다양한 메뉴'다.** 〈마시안제면소〉의 메뉴는 15~17가지다. 칼국수와 막국수 외에 만두와 수육 같은 것도 판매한다. **이색적인 칼국수와 막국수 메뉴도 있다.** 칼국숫집의 가장 기본적인 메뉴인 바지락칼국수부터 다른 칼국숫집이나 막국수 전문점에서는 만나기 어려운 **매생이굴칼국수, 불닭막국수, 전복막국**

수 등 고객 취향대로 선택할 수는 다양한 메뉴를 갖추고 있다.

메뉴가 다양하면 자칫 인건비가 많이 들고 조리도 복잡하기 마련이다. 하지만 〈마시안제면소〉의 주고객이 불특정 다수의 관광객이다 보니 이들의 다양한 입맛을 맞추기 위해 여러 가지 메뉴를 제공하고 있다. 가족 단위 손님이 많은데, 단체로 오면 다양한 메뉴를 시켜서 맛볼 수 있는 재미도 선사한다.

둘째 '정성을 쏟는 육수'다. 국수는 국물 맛이 반이기 때문에 〈마시안제면소〉는 육수에 공을 많이 들인다. 야채 육수 끓이는 데 하루가 걸리고, 그 외 국수 종류에 맞는 육수를 끓이는 데에도 6시간이 소요된다. 총 이틀 정도가 걸리는 셈이다.

반반칼국수로 히트… 국수 시키면 전복죽을 주는 국숫집?

셋째 '반반칼국수'다. 〈마시안제면소〉에는 이색메뉴인 반반칼국수가 있다. 훠궈처럼 한 냄비에 닭칼국수와 바지락칼국수가 동시에 나간다. 동시에 다른 메뉴를 끓여 먹을 수 있는 반반칼국수는 특히 가족 단위 손님들에게 인기다. 어른과 아이들이 함께 먹을 수 있어서 더 반응이 좋다.

넷째 '퀄리티 있는 서비스 메뉴'다. 〈마시안제면소〉는 국수를 시키면 매생이전복죽이 기본 서비스로 나간다. 국수 주문 수량에 맞춰서 제공되고 있다.

다섯째 비결은 '조직관리의 안정'이다. 작은 식당이지만 식당도 엄연한 조직이다. 박 사장은 직원들과의 융화를 통해 안정적으로 식당을

운영한다. 특히 주방장과 소통이 잘된다. 사장과 주방장의 의견이 맞지 않으면 식당 운영에 어려움이 많다. 그런 면에서 박 사장은 자신이 행운아라고 생각한다.

성수기 때 직원 구하는 것은 하늘의 별따기. 스마트기술로 도움 얻어

높은 매출과 일하는 직원들과의 원만한 관계로 큰 어려움이 없어 보이는 박 사장에게도 한 가지 걱정이 있었다. 구인난이다. 〈마시안제면소〉는 여름이 성수기다. 바닷가에 오는 관광객들이 막국수를 먹으러 많이 온다. 손님이 몰리는 만큼 더 많은 직원이 필요하다. 그런데 식당이 외곽에 있다 보니 지원자가 많지 않다. **지역 특성을 감안해 시급이 1만3,000원이고 숙박을 비롯해 다양한 복지혜택을 주지만 사람 구**

하기가 하늘의 별따기만큼 어렵다.

이런 박 사장의 고민을 어느 정도 해소해준 것이 테이블오더다. 박 사장은 2023년 중소벤처기업부와 소상공인시장진흥공단에서 시행하는 '2023년 스마트상점 기술보급사업'에 신청해 17대의 테이블오더를 도입했다. 테이블마다 스마트기술을 설치해 주문부터 결제까지 고객이 앉아서 할 수 있다. 도입 총비용 중 정부에서 지원받은 금액은 500만 원 정도다.

테이블오더의 효과는 수치로 나타나고 있다. 주문에서 음식 제공까지 시간이 짧아져 테이블 회전율이 20~30% 이상 빨라졌다. 덕분에 매출도 10%가량 상승했다. 손님이 테이블에서 바로 주문하기 때문에 음식이 다른 테이블로 가는 실수도 줄일 수 있었다. 손님들도 편안해하고 직원들도 좋아한다. 테이블오더가 직원 1.5명 몫을 하기 때문에 직원을 못 구해 발을 동동 구르는 일도 없어졌다.

월 매출 1억이 목표… 사업 확장해 어려운 소상공인 돕고 싶다

박 사장은 단골손님을 확보하기 위한 전략으로 다양한 서비스를 무료로 제공해보기도 했다. 하지만 요즘은 생각이 바뀌었다. 식당 운영에서 가장 중요한 것은 주문하면 신속하게 음식이 나가고, 항상 동일한 맛을 유지하는 것이다. 기본을 지키면 매출은 자연히 따라온다.

박 사장의 단기적인 목표는 월매출을 1억 원으로 끌어올리는 것이다. 저녁 매출을 보완하면 가능할 것 같다. 그렇게 매출이 오르고 사업이 확장되면 그동안 쌓아온 경험과 노하우를 주변의 어려운 소상공인에게 무료로 전수해주는 게 박 사장의 개인적인 꿈이다.

━━ 이경희(부자비즈 대표 컨설턴트)의 원포인트 ━━

프랜차이즈 가맹점을 운영하면서 사업 경험을 쌓은 후 자기만의 브랜드를 만들고 가맹사업에 뛰어드는 사례가 늘어나고 있다. 이런 사업자들은 가맹점 입장을 잘 알고 있어 가맹 본사를 만들어도 상생에 대한 의지가 강한 편이다.

다만 개인 매장과 가맹 본사 경영은 차이가 크다. 동일한 맛과 서비스 품질을 유지해야 하고 리스크도 대비해야 한다. 가맹사업을 함께 해나갈 인재도 미리 육성해둬야 한다.

가맹법이나 프랜차이즈 시스템 구축 등 전문적인 내용이 많으므로 프랜차이즈 관련 교육을 받는 게 도움이 된다. 아울러 가맹 본사가 디지털 혁신에 앞장서야 가맹점도 디지털 전환 시대에 잘 적응할 수 있다. 스마트상점 기술은 물론 푸드테크, 디지털 마케팅에 대한 전문성을 갖춰야 한다.

3

구인난으로 애를 먹던 국밥집에 나타난 구세주

전주콩나물국밥

상호	지역	규모	창업	도입 기술
전주콩나물국밥	서울 종로	35평	2012년	테이블오더

도입 효과

주문·계산 실수 없고,
비대면 선호 현상으로 매출 10% 상승

서울 종로에서 10년째 콩나물국밥집 〈전주콩나물국밥〉을 운영하는 홍승혜 사장(59)의 2022년 겨울은 많이 추웠다. 서울 종로의 상권도 변하고, 코로나19 이후 회식문화가 사라지면서 콩나물국밥 수요도 줄어들어 전성기 때의 매출을 회복하지 못했기 때문이다.

하루에 콩나물국밥을 150그릇까지 팔았던 적도 있다. 하지만 인근에 신축 건물들이 많이 생기고 그곳에 유행하는 메뉴를 파는 식당들

똑똑한 장사

이 들어서면서 2022년 판매량은 절반으로 줄었다. 홍승혜 사장을 또 힘들게 한 것은 직원 관리와 구인난이다. 힘든 국밥집 일을 하려는 사람이 없기 때문이다.

그래도 요즘은 희망적이다. 매출도 조금씩 회복하고 있고, 정부 지원사업으로 주문과 결제가 동시에 되는 테이블오더를 도입했는데, 이것이 직원 한 명 몫을 톡톡히 해주고 있기 때문이다. 테이블오더 도입 후 젊은 고객들이 늘어나 매출 향상에 도움이 되고 있다. 작업 환경이 개선되어 직원 이직률도 줄었다. 홍승혜 사장이 매장에 스마트기술을 도입하고 경쟁이 치열한 상권에서 10년 넘게 장수하는 비결은 무엇일까?

전업주부가 창업… 가성비 콩나물국밥집으로 인기몰이

결혼하고 전업주부로 지내던 홍승혜 사장은 어느 날 장사를 해보라는 제안을 받는다. 바로 지금 운영하고 있는 〈전주콩나물국밥〉집이다. **장사 경험이 없어 망설였지만, 친구와 반반씩 투자해 동업을 시작했다.** 인수비용은 권리금 포함해 2억 원 정도 들었다.

2012년 매장을 인수할 무렵 〈전주콩나물국밥〉집의 콩나물국밥 가격은 6,000원이었다. 홍 사장은 2022년까지 콩나물국밥 가격을 6,000원으로 유지했다. 저렴한 가격 덕에 근처 직장인들 사이에서 가성비 국밥집으로 인기몰이를 했다.

그러나 코로나 이후 물가상승이 계속돼 부득이하게 가격을 올릴 수밖에 없었다. 2023년에는 500원씩 가격을 올려 지금은 8,000원이다.

그동안 워낙 저렴한 가격에 판매했기 때문에 이해해 주는 손님들도 있지만, 싫은 소리를 하는 손님들도 있어 속상할 때도 있다.

타고난 손맛으로 손님들을 끌어모으다

〈전주콩나물국밥〉의 주요 식재료는 국내산이다. 김치와 젓갈은 거의 매일 홍 사장이 직접 담근다. 오이나 고추 무침이나 감자조림, 감자채, 오뎅 등의 기본 반찬도 매일 직접 만든다. 반찬 셀프바도 설치해 놓았다가 반찬 수요를 감당하지 못해 지금은 운영하지 않는다.

홍 사장은 어떤 음식을 먹어보면 무슨 재료가 들어가는지 알 정도로 타고난 미각과 손맛을 가졌다. 하지만 홍 사장은 음식을 조리할 때 입으로 간을 보지 않는다. 오로지 손의 감각을 믿고 만든다. **입으**

로 간을 보면 그날의 컨디션에 따라 간이 달라지기 때문에 절대로 음식을 먹어보면서 만들지 않는다. 10년 동안 〈전주콩나물국밥〉의 변하지 않는 맛은 홍 사장의 손끝에서 나온 것이다.

원가 절감을 위해 발품 팔아 싸고 좋은 식재료 구입

〈전주콩나물국밥〉이 2022년까지 10년간 콩나물국밥 가격을 6,000원으로 고수할 수 있었던 비결은 원가 절감을 위한 홍 사장 부부의 눈물겨운 노력이다.

홍 사장 부부는 주말 영업을 하지 않는 대신 농협이나 마트에 가서 장을 본다. 마트는 한 군데만 가지 않는다. 전단지를 보고 싸고 좋은 물건이 있는 곳을 찾아다니며 발품을 팔아 구입하고 있다.

똑똑한 장사

가령 배추 한 망의 시세가 1만3,000원 정도일 때 마트에 가서 하한 가로 사면 9,000원에 살 수 있다. 깍두기 무도 다섯 박스를 담그는데 매장에 앉아서 주문하면 무한 박스에 18,000~19,000원 한다. 그런 데 발품을 팔면 11,000원대에도 살 수 있다. 엄청난 차이다. 저렴한 가격을 유지하는 비결 뒤에는 이 같은 홍 사장 부부의 각고의 노력이 숨어 있다.

직원 문제로 가게를 그만두고 싶었던 찰나에 구세주 등장

〈전주콩나물국밥〉은 매장에 두 명의 정직원과 아르바이트생 한 명을 두고 일을 한다. 정직원들은 주로 주방에서 일한다. 문제는 홀에서 일 할 아르바이트생들의 입퇴사가 잦다는 것이다. **무겁고 뜨거운 뚝배기**

를 나르는 일을 해야 하기 때문에 힘들어 한다. 일하는 중간에 그냥 가 버리는 아르바이트생도 있다. 처음에는 당황스러웠는데 이제는 어느 정도 단련이 됐다. 그래도 여전히 그런 상황에 익숙해지지 않는다.

직원 문제로 고민하던 홍 사장은 최근 구세주를 만났다. 중소벤처기업부와 소상공인시장진흥공단에서 시행하는 '2023년 스마트상점 기술보급사업'에 선정돼 테이블오더 17대를 들여놓았다. 단골손님이 정보를 알려준 덕분에 설치하게 됐는데 결과는 아주 만족스럽다. 주문과 결제가 동시에 이루어지기 때문에 주문이나 계산 실수도 없고 스마트기술이 직원 한 명 몫을 하기 때문이다.

테이블오더를 도입하고 매출이 10% 정도 상승했다. 테이블오더는 특히 종로의 젊은 직장인들에게 인기가 많다. 기술 도입 비용 중 정부에서 지원받은 금액은 500만 원이다.

손가락 수술한 날에도 매장에서 일하다

〈전주콩나물국밥〉의 영업시간은 오전 9시부터 오후 9시까지다. 요즘은 저녁 손님이 거의 없어 저녁 8시면 마감을 하는 편이다.

식당 운영이 체력적으로 힘든 일이기 때문에 영업하지 않는 날에는 푹 쉬는 편이다. 홍 사장은 손가락 관절 수술을 여섯 차례나 받았다. 수술한 당일 퇴원해서 식당에 나가 일을 했다. 홍 사장의 지난 10년이 얼마나 치열했는지 보여주는 대목이다.

식당 일이 고되어 아침에 일어나는 게 가장 힘들다. 하지만 매일 온몸에 파스를 붙이고 식당에 나와서 열심히 일하는 이유는 음식을 맛있게 먹는 손님들이 있기 때문이다. 힘들게 일하는 직장인들이 콩나물국밥 한 그릇으로 시름을 덜어낼 수 있도록 오랫동안 식당을 운영하는 것이 홍승혜 사장의 바람이다.

〈전주콩나물국밥〉의 똑똑한 경영 포인트

1. 본질에 대한 고집. 육체적으로 힘들고 수익성이 약해져도 원재료와 품질에 대한 고집을 지킨다.

2. 성실함. 식당은 조금만 방심해도 맛이 달라진다. 한결같은 맛을 유지하는 건 성실함의 결과다.

3. 합리적인 가격. 부부의 노력으로 원가를 절감해 불황 속에서 가성비를 빛내고 있다.

—— 이경희(부자비즈 대표 컨설턴트)의 원포인트 ——

효율과 생산성은 경영에서 중요한 지표다. 6,000원~8,000원대 국밥을 팔면서 정성껏 밑반찬을 만들고 국산 고춧가루와 국산 배추로 매일 직접 김치를 담그는 것은 효율성과는 거리가 먼, 고집일 수도 있다.

음식에 대한 이런 고집을 지키는 데 도움이 되는 게 디지털 기술이다. 홍승혜 사장이 운영하는 〈전주콩나물국밥〉은 스마트상점 기술이 근무 환경만 개선하는 것이 아니라 오래된 전통을 계승하고 상품에 대한 철학을 지키는 데도 도움이 된다는 것을 보여준다. 스마트기술을 통해 절약된 시간과 노력을 본질을 강화하고 지키는 데 투자할 수 있기 때문이다.

30년 된 닭갈빗집을
스마트하게 변신시킨 주인공은?

춘천집닭갈비

상호	지역	규모	창업	도입 기술
춘천집닭갈비	서울 강북구 수유동	40평	2010년	테이블오더

도입 효과

구인난 해소,
직원들 능률 상승

서울 강북구 수유동에 가면 30년 된 닭갈빗집이 있다. 〈춘천집닭갈비(이하 춘천집)〉이 그곳이다. 1995년에 문을 연 〈춘천집〉의 권오진 사장(65)은 2001년부터 이 매장의 점장으로 일하다가 2010년에 가게를 인수해 지금까지 운영하고 있다.

30년 역사가 말해주듯이 〈춘천집〉에는 다양한 희로애락이 있다. 권오진 사장이 〈춘천집〉을 인수한 뒤 연매출 7억 원을 올릴 정도로 장사

140

가 잘되던 시절도 있었다. 하지만 조류독감, 메르스, 코로나라는 악재
를 만나 매출이 바닥을 치기도 했다.

2023년 〈춘천집〉은 오래된 식당에 변화를 줬다. 정부에서 지원하
는 스마트상점 기술을 도입해 가게를 스마트하게 바꾼 것이다. 기술
도입 후 30년 된 닭갈빗집은 어떻게 변했을까?

30년 보험맨에서 식당 사장으로 변신

권오진 사장은 1972년에 고향인 대구를 떠나 서울에 올라왔다. 학교
를 졸업한 후에는 동아생명에 취직했다. 그때부터 30년간 보험회사
직원으로 일하다가 IMF 때 명예퇴직했다.

퇴직 후 권 사장이 할 수 있는 일은 많지 않았다. 권 사장이 택한 것은 창업이었다. 삼겹살집, 고기뷔페집, 감자탕집 등 안 해본 게 없었다. 그러나 직장생활만 30년을 해온 권 사장에게 장사는 낯설었다. 가장 힘든 것은 들쑥날쑥한 수익이었다.

권오진 사장은 결단을 내렸다. 사업을 접고 권 사장 부인의 지인이 운영하는 닭갈빗집인 〈춘천집〉에 부부가 함께 점장으로 입사를 한 것이다. 매달 꼬박꼬박 월급이 나오고, 공휴일에는 쉴 수 있어서 가장 좋았다. 그렇게 〈춘천집〉에서 2001년부터 10년 가까이 점장으로 일했다.

그런데 기회가 찾아왔다. 사장이 다른 사업을 하겠다며 〈춘천집〉을

똑똑한 장사

권 사장 부부에게 인수하라고 제안한 것이다. 95년부터 운영돼 온 〈춘천집〉은 고정 단골도 많았고 전망이 있어 보였다. 여기저기서 자금을 융통해 4억 원을 주고 2010년 〈춘천집〉을 인수했다. 매장은 1층과 2층을 합쳐 40평 규모다.

오랜 단골과 끈끈한 유대 관계가 장수비결

〈춘천집〉이 30년간 장수해온 비결은 **첫째 상권입지 조건이다.** 수유역 인근 먹자골목으로 메인 상권에 위치해 있다.

둘째 '친절하고 독특한 서비스'다. 지금은 이벤트를 하지 않지만, 한때 〈춘천집〉은 '웃기는 닭갈빗집'으로 방송에서도 소개돼 유명했다. 직원들이 슈퍼맨, 백설공주 등의 코스프레 복장을 하고 손님을 맞이했다. 마술 이벤트도 열었다.

그때 함께 일했던 직원들이 이제는 나이를 먹고 다 그만뒀다. 지금의 〈춘천집〉은 그냥 평범한 식당이다. 하지만 그때를 추억하는 오랜 단골들은 학생에서 직장인이 되어, 결혼해서 아이 엄마가 되어 여전히 〈춘천집〉을 찾고 있다. 오랜 단골들과는 서로 사연을 다 알고 있고, 보이지는 않지만 끈끈한 유대 관계가 형성되어 있다.

학생들 위해 저렴한 닭갈비 메뉴도 판매

오랜 단골들의 입맛을 사로잡고 있는 〈춘천집〉의 대표 메뉴는 '철판닭갈비', '치즈닭갈비' 등이다. '주꾸미닭갈비'도 신메뉴로 출시했다.

닭갈비 메뉴는 국내산과 브라질산으로 구분돼 있다. 국내산 가격은 1인분에 13,500원, 브라질산은 11,000원이다. 90%의 손님이 국내산 닭갈비를 먹고, 브라질산은 호주머니 사정이 여의치 않은 학생들이 많이 찾는다.

30년간 변함없는 맛은 오랜 단골을 만든 비결이다. **〈춘천집〉의 닭갈비 맛은 정통 춘천닭갈비 맛과 유사하지만 다른 곳에서 흉내 내기 어려운, 중독성이 있는 깊은 맛이다.** 비법은 소스에 카레가 들어간 것이다.

오래된 가게를 스마트하게 변신시킨 주인공은?

아무리 잘되는 식당에도 어려운 시기는 있다. **권 사장은 장사를 하면 3년마다 고비가 온다고 말한다. 권 사장은 그 고비가 올 때마다 가게에 변화를 줘서 위기를 돌파해왔다.**

2023년에 권 사장이 준 변화는 '스마트기술'의 도입이다. 중소벤처 기업부와 소상공인시장진흥공단에서 추진하는 '2023년 스마트상점 기술보급사업'에 선정돼 테이블오더 10대를 도입했다. 최대 500만 원까지 기술 도입 가격의 70%를 국비로 지원받았다.

테이블오더는 오르내리기 힘든 2층 매장에 설치했다. 가장 만족해하는 것은 당연히 직원들이다. 2층을 완전히 비워놓지는 못해도 직원

들이 왔다 갔다 하면서 다른 일을 볼 수 있어 일의 효율성이 높아졌다. 주문만 되는 테이블오더이지만, 덕분에 고민스러웠던 구인난에서도 어느 정도 해결됐다. 테이블오더가 직원 한 명 몫을 하기 때문이다. 2층의 음식은 덤웨이터로 운반하고, 강북구에서 지원받은 반찬냉장고를 설치해 반찬은 셀프바로 운영하고, 거기에 테이블오더까지 설치해 〈춘천집〉은 스마트한 식당으로 거듭났다.

사업은 자신과의 싸움… 항상심 유지할 수 있어야 돼

〈춘천집〉의 영업시간은 오전 11시부터 밤 12시까지이다. 명절을 포함해 365일 영업을 한다. 권 사장은 1년에 한 번, 2년에 한 번 가는 여름**휴가를 제외하고 쉬는 날이 거의 없다. 변함없는 시간에 출퇴근하고,**

한결같은 성실함으로 매장을 운영해온 것이 20년 장수의 가장 큰 비결이다. 사업하는 동안에 감정 조절을 잘한 것과 나무보다는 숲을 보는 경영을 한 것도 장수 비결 중 하나다.

권 사장의 꿈은 형편에 맞는 건물을 사서 내 가게를 운영하는 것이다. 또 언젠가는 시니어들이 공감할 수 있는 유튜브 채널을 만들어서 운영해 보고 싶다.

─── 이경희(부자비즈 대표 컨설턴트)의 원포인트 ───

〈춘천집〉의 장수 비결은 우선 ▲시간 속에서 축적된 단골고객, ▲변함없는 깊은 맛, ▲카레가 들어간 중독성 있는 독특한 소스를 꼽을 수 있다. 한때는 웃기는 닭갈빗집이라는 독특한 서비스 전략으로 지역 주민들의 호감을 얻기도 했다. 저축도 중요한 장수 비결이다. 사업이 잘될 때 모아 둔 저축 덕분에 주기적으로 닥친 위기를 극복할 수 있었다.

나아가 식재료의 유행과 트렌드를 반영해 신메뉴를 개발하고 테이블오더를 도입해 스마트기술로 2층 매장의 애로를 해소했다. 복층 구조의 매장은 단층 매장보다 더 많은 인력이 필요하고 근무 환경도 좋지 않다. 매장의 이런 문제를 해결하는 데 스마트기술 도입이 도움이 될 수 있다.

권오진 사장은 시니어 유튜브 채널 운영도 꿈꾸고 있다. 권 사장은 '젊음은 살아온 시간이 아니라 꿈과 열정의 정도'라는 것을 보여주는 사례다.

똑똑한 장사 Tip

소상공인 디지털 전환은 주문/결제 시스템에서 출발

요즘 고객들은 현금을 거의 사용하지 않습니다. MZ세대들은 보다 편리하고 손쉬운 결제를 선호합니다. 사업자 입장에서도 주문/결제 시스템을 디지털로 전환하면 남는 인력과 자원을 상품이나 서비스 강화에 투입할 수 있습니다. 구인난 해결, 근무자 동선 감소, 주문/결제의 정확도 향상, 고객의 주문/결제 편의성 증대 등 다양한 효과를 기대할 수 있습니다. 그래서 소상공인 매장에서 디지털 전환이 가장 활발한 분야가 바로 주문/결제 부문입니다.

스마트폰 앱이나 웹사이트 기반의 모바일 주문/결제 시스템, QR코드 주문, 키오스크, 테이블오더 등 다양한 스마트기술이 더 편리한 주문/결제 환경을 만들어줍니다.

주문/결제 시스템에 고객 로열티 프로그램을 통합하면 주문마다 포인트를 적립하고 적립된 포인트로 할인 혜택을 제공할 수 있습니다. 고객의 주문 이력과 선호도를 기반으로 맞춤형 혜택을 제공해서 고객의 충성도를 높일 수도 있습니다.

테이블오더를 설치할 때는 업종에 따라 선불 결제나 후불 결제 기능을 잘 선택해야 합니다. 젊은 층이 선호하는 삼성페이, 애플페이 등 페이 결제 기능도 확인하는 것이 좋습니다.

2023년 장애인 차별금지 관련 시행령 개정에 따라 2025년 1월 28일부터는 상시 100명 미만 근로자를 사용하는 사업자는 무인 정보 단말기 신규 설치 시 배리어프리 기능 탑재가 의무화된다는 점도 알아두면 도움이 됩니다.

6장

마케팅, 고객 소통에도 스마트기술이 필요해요

1
연매출 7억, 10년 장수하는 볶음밥 맛집에 활력 불어넣은 스마트기술
그남자의볶음밥

상호	지역	규모	창업	도입 기술
그남자의볶음밥	서울 서교동	20평	2014년	키오스크, 디지털 사이니지

도입 효과

매장 운영 신속성과 효율성 향상,
마케팅 효과

1020세대들이 많이 찾는 홍대 앞에 작은 식당이 있다. 10년째 장수하는 볶음밥 맛집이다. 홍대 핫플레이스로 통하는 이곳은 40대 김민준, 김성희 부부가 운영하는 〈그남자의볶음밥〉이다.

볶음밥만으로 연간 7억 원 가까운 매출을 올리고 있지만, 오픈 초기에는 적자를 면치 못했다. 풍파도 많이 겪었다. 메르스, 코로나 팬데믹 등을 거치며 대학가 앞 매장의 특수성 때문에 매출이 급락하는 어려움

을 겪기도 했다. 지금은 코로나 이전 매출을 회복하고 장수하는 홍대 맛집 명성을 이어가고 있다.

2023년에는 중소벤처기업부의 스마트상점 기술보급사업에도 참여해 매장을 디지털로 전환하고 운영에 새로운 활력도 불어넣었다. 오래된 볶음밥집을 새롭게 단장시킨 스마트상점 기술은 무엇일까?

취미로 요리하다가 식당 창업

전기공학을 전공한 김민준 사장은 무역회사에서 사회생활을 시작했다. 3년 정도 일할 즈음, 펀드 열풍이 세상을 뒤덮었다. 금융에 관심이 많았던 김 사장은 직장을 그만두고 보험대리점 사업을 시작했다.

사업을 하며 김 사장은 새로운 취미를 찾는다. 바로 요리다. 요리에 흥미가 생기면서 주변 사람들을 초대해 식사 대접하는 일이 재미있었다. 레시피를 참고해서 이것저것 요리를 만들다 보니 본격적으로 식당을 차려보고 싶었다.

김 사장은 생각을 실천으로 옮겼다. **직장을 다니면서 주말 등 틈나는 대로 한식당과 중식당에서 아르바이트를 하며 경험을 쌓았고, 2014년에 〈그남자의볶음밥〉을 창업했다.**

메르스부터 코로나까지 위기탈출 전략

밥은 호불호가 없는 주식이지만 볶음밥 전문점은 생소해서 자리를 잡기까지 시간이 걸렸다. 2014년도에 오픈하고 3~4개월 동안은 적자를 면치 못했다.

설상가상으로 3개월이 지나면서 매출이 오르려는 찰나에 메르스가 발생했다. 다시 한 달간 매출이 곤두박질쳤다. 김 사장 부부는 진지하

게 폐업을 고민했다. 그러나 어렵게 애정을 갖고 오픈한 가게라 폐업을 결정하기가 쉽지 않았다. 버티고 버티다가 6개월 정도가 되니 매출이 상승곡선을 타기 시작했다. 퀄리티 있는 음식 맛과 성실한 운영 덕에 고객이 늘어났다.

그렇게 몇 년간은 매출이 계속 상승해 연간 7억이 넘는 맛집으로 자리를 잡게 됐다. 그런데 다시 위기가 닥쳤다. 코로나가 발생한 것이다. 대학가라 코로나의 직격탄을 맞았다. 배달 매출로 힘든 시간을 버텼다. 코로나 팬데믹이 종식되면서 매출이 회복되어 가게 운영에 한결 안정감과 여유가 생겼다.

10년 장수 매장을 만든 '고객 친화 경영' 비법은?

김민준 사장이 메르스와 코로나를 이겨낸 가장 큰 비결은 '고객 친화 경영'과 '독특한 마케팅'이다.

〈그남자의볶음밥〉은 '공짜밥 10계명'이라는 이벤트를 진행한다. '이름이 남자 홍대 서교 연남인 사람', '완전삭발한 여성이나 허리까지 오는 긴 머리의 남성', '외국인이 자신의 국가를 노래하는 분', '생일이 똑

같은 커플' 등 10가지 조건에 해당하는 사람들은 식사를 무료로 할 수 있는 이벤트다.

공짜 식사뿐만 아니라 10계명에 해당하는 모든 사람들의 인증샷을 찍어서 가게 내부와 외부에 걸어준다. 지금까지 공짜밥 인증을 한 사람의 수가 3천 명 정도 되는데, 그 인증샷 사진이 매장의 또 다른 인테리어가 되고 있다.

고객의 참여가 많은 가게다 보니 고객들이 메뉴의 이름도 지어 준다. 〈그남자의볶음밥〉의 볶음밥은 동그란 원형 철판 가운데에 볶음밥을 동그랗게 쌓고 그 주변을 원형 테두리처럼 달걀찜으로 감싸서 나간다. 그 모양이 UFO처럼 생겼다 해서 고객들이 'UFO 볶음밥'이라는 별칭도 만들어줬다. 이제 **〈그남자의볶음밥〉 하면 'UFO볶음밥'이 자동 연관될 정도로 시그니처가 되고 있다. 이색 플레이팅과 손님들의 네이밍이 만나 브랜드의 시그니처가 됐다.**

스마트기술 도입으로 매장에 활력이 생기다

인간관계도, 식당경영도 오래되면 매너리즘에 빠질 수 있다. 김민준 사장 부부는 지난해 스마트기술을 도입해 매장에 새로움을 줬다. 중소벤처기업부와 소상공인시장진흥공단이 시행하는 '2023년 스마트 상점 기술보급사업'에 참여해 최신 키오스크와 디지털 사이니지를 도입했다. 평소 정부 지원사업에 관심이 많아서 정보를 자주 검색하는데 덕분에 이런 지원사업도 알게 됐다. 정부에서 기술 도입 비용의 70%를 지원받았다.

스마트기술은 오래된 가게에 활력을 불어넣었다. **김 사장 부부는 디지털 사이니지를 통해 공짜밥 이벤트를 소개하기도 하고 공짜밥 10계명에서 인증샷을 찍은 손님들의 사진을 영상으로 만들어 틀어놓는다.** 외국인들이 자기 나라 국가를 부르는 모습을 보면서 손님들은 즐거워하며 식사를 한다. 디지털 사이니지로 고객 소통은 물론 식당 마케팅 효과도 누리고 있다.

최신 키오스크는 직원 1.5명 몫을 톡톡히 해내고 있다. 오픈 초기부터 쓰던 키오스크는 구형이라 속도가 느리고, 이미지 화면도 좋지 않고, 결제 오류가 많아 김 사장도 손님들도 불편할 때가 많았는데 최신형으로 바꾸면서 매장 운영의 신속성과 효율성이 높아졌다.

직영점을 확장해 북한에 지점 내는 게 꿈

스마트기술로 매장을 새롭게 리뉴얼한 김민준 사장 부부는 요즘 다양한 사업 성장 방안을 구상하고 있다. 코로나 때 진 빚을 다 갚고 나면 단기적으로는 직영점을 2~3곳 더 내어 사업을 확장한 뒤 가맹사업에 도전해 보는 것이다.

볶음밥을 간편식으로 만들어서 온라인 판매를 하는 것도 구상하고 있다. 또 실현될지 안 될지 모르지만, 먼 훗날 북한과의 관계가 회복되면 북한에도 〈그남자의볶음밥〉 지점을 내고 싶다.

—— 이경희(부자비즈 대표 컨설턴트)의 원포인트 ——

요리가 취미인 김민준 사장은 창업 전에 2년이나 식당에서 아르바이트를 하며 식당 경영과 조리를 배웠을 정도로 준비된 창업자였다. 가짓수는 적지만 오더메이드 조리로 맛은 물론 시각적인 매력까지 갖춘 볶음밥 메뉴로 고객의 입맛을 사로잡았다.

디지털 사이니지를 통해 단순히 메뉴 정보만 제공하는 일반 음식점이 많은데, 〈그남자의볶음밥〉은 B급 정서의 웃음 코드를 담은 이벤트를 디지털 사이니지에 업로드해 고객 소통을 강화했다. 이것은 디지털 사이니지의 활용도를 높인 좋은 사례다.

지금까지 쌓은 노하우를 기반으로 프랜차이즈 사업 진출도 가능하고 브랜드 명성을 기반으로 식품제조업체와 제휴해 쌀과 볶음 재료를 차별화한 건강한 HMR 제품 출시도 고려해볼 만하다.

2

연매출 7억 올리는 곱창집의
스마트한 경영 비결
도도곱창 건대본점

상호	지역	규모	창업	도입 기술
도도곱창 건대본점	서울 자양동	48평	2015년	테이블오더

도입 효과

비대면 선호 젊은 손님 유입으로
매출 10% 상승

서울 건대입구역에 있는 〈도도곱창 건대본점〉의 장재임 사장(58세)은 30~40대에 종로에서 보석 사업을 크게 했다. 수십억 원의 현금을 보유한 적도 있다. 그러나 쉽게 번 돈은 쉽게 잃게 마련이다. 잘못된 투자로 돈을 많이 잃었다. 그 후 선택한 것이 외식업이고 곱창집이다.

2015년 오픈 초창기에는 한 달에 100만 원 벌기도 빠듯했던 곱창집이 2023년 연매출은 7억 원 정도다. 매장에 스마트기술을 도입한 후에

는 테이블 단가가 10% 정도 상승했다. 식당 운영 경험 없이 왕초보로 음식 장사에 도전한 〈도도곱창〉의 장재임 사장. 식당 운영 초기에 적자로 수억 원을 손해 보다가 지금은 줄 서는 맛집으로 변신한 비결은 뭘까?

다이아몬드 만지던 손으로 곱창 손질 시작

전라도가 고향인 장재임 사장은 대학을 중도에 그만두고 보석감정사 자격증을 따서 보석 사업을 시작했다. 사업을 하다가 역시 보석 사업을 하는 지금의 남편을 만나 종로에서 본격적으로 보석 도매업을 했

다. 큰돈도 벌었다. 결혼 초기에 수중에는 수십억 원의 현금을 보유할 정도였다.

그러나 쉽게 번 돈은 쉽게 사라진다고 보석 사업으로 번 돈을 온전히 지키지는 못했다. 잘못된 투자로 많은 돈을 잃었다. 장재임 사장은 보석 사업이 사양길이라고 생각하고 외식업으로 눈을 돌렸다.

장재임 사장이 선택한 것은 곱창집이었다. 앞으로 경제가 어려워지면 서민 음식인 곱창이 인기가 있을 거라고 생각했다. 마침 집 근처 왕십리에 있는 곱창집이 돼지 곱창만으로 하루에 300~400만 원씩 버는 모습을 보고 마음을 정해 의욕을 불태웠다.

장 사장은 발로 뛰면서 창업준비를 했다. 왕십리 곱창집뿐만 아니라 전국에 안 가본 곱창집이 없었다. 맛있다는 곱창집들을 다 다녀보고 인터넷도 찾아보면서 집에서 곱창을 삶아보고 또 만들어보기를 반복했다.

그러다가 떠올린 아이디어가 약초를 넣고 곱창을 삶는 것이었다. 곱창 하면 몸에 안 좋다는 인식이 있는데 약초를 넣어서 그런 인식을

개선해보고자 했다. 특히 돼지 곱창은 냄새가 더욱 심해 약초를 넣으면 좋을 것 같았는데 결과는 성공적이었다. 피나는 노력으로 약초의 양과 삶는 시간을 연구해 냄새를 잡고, 레시피를 완성했다. 메뉴 개발에만 1~2년이 걸렸다.

시행착오의 연속, 적자로 폐업까지 고민

보석 다루듯 정성을 들여 곱창을 손질하고 약초까지 넣어 삶아서 메뉴를 내놓았지만 장사는 만만치 않았다. 오픈 첫 달 매출은 고작 100~120만 원 정도밖에 나오지 않았다. 그 후로 조금씩 매출이 올랐지만 2015년에 오픈하고 거의 5년간은 매출이 들쑥날쑥하고 월평균 2,000만 원을 넘지 못했다.

〈도도곱창 건대본점〉은 오픈 후 5년간 돼지 곱창 위주로 장사를 해왔다. 벤치마킹한 곳이 그렇게 해서 성공했기 때문이다. 장사가 잘 안 돼 불안정해서 점심에 국밥을 개발해 팔았는데 너무 맛있게 하려다 보니 재료가 많이 들어가서 남는 게 없었다. 과감히 접었다. 이 모든 게 외식업 경험이 없어서 생긴 시행착오였다. 폐업도 고민했지만, 어렵게 만든 레시피가 아까웠고 자존심이 허락하지 않았다. 어떻게든 돌파구를 마련해야 했다.

코로나에 오히려 매출이 늘어난 비결

노력에 대한 보상은 있었다. **적자에 폐업까지 고민했던 〈도도곱창 건대본점〉은 오픈 후 5년이 지나면서 매출이 오르기 시작했다. 가장 큰 비결 두 가지는 '소 곱창'의 도입과 '온라인 마케팅'이다.**

장재임 사장은 돼지 곱창만 고수하다가 소 곱창 메뉴를 도입했다. 소 곱창을 돼지 곱창처럼 약초를 넣고 삶으려고 하니 시간과 배합이 안 맞아 냄새 제거가 쉽지 않았는데, 몇 번의 실패를 거듭한 끝에 소 곱창의 잡내를 제거하는 데 성공했다.

소 곱창은 기대보다 반응이 더 좋았다. 약초 물로 삶은 소 곱창을 먹어본 손님들은 입에서 살살 녹는다고 표현했다. 장 사장은 그 말을 듣는 순간 그간의 노력이 보상받는 기분이었다. 당시에는 코로나19가 시작되며 자영업자들이 어려움을 겪고 있었지만, 장 사장의 가게는 큰 타격이 없을 정도로 소 곱창의 반응이 괜찮았다.

매출을 향상시킨 또 다른 비결은 온라인 마케팅이다. 사실 장 사장은 그동안 제대로 된 마케팅을 하지 못했다. 방법을 몰랐기 때문이다. 그런데 마케팅의 중요성을 인지하고 제대로 된 마케팅을 시작한 후 손님들이 눈에 띄게 늘었다.

똑똑한 장사

경기침체 속에서도 매출 10% 상승시킨 이것은?

남편과 식당을 경영하는 장 사장은 5명의 직원과 함께 일한다. 장 사장은 2023년에 직원들의 수고를 덜어줄 요량으로 매장에 테이블오더 12대를 도입해 설치했다. 중소벤처기업부와 소상공인시장진흥공단이 추진하는 '2023년 스마트상점 기술보급사업'에 신청해서 선정됐

다. 정부가 기술 도입 비용의 70% 한도에서 최대 500만 원까지 지원해주는 사업이다.

테이블오더를 도입한 후 매출이 10%가량 늘었다. **요즘 젊은 고객들은 직원과 대면하는 걸 꺼리는 경향이 있다. 테이블오더를 통해 주문하게 되니 비대면을 선호하는 대학가 앞 젊은 손님들의 유입으로 매출이 상승했다.** 테이블오더 도입 후 2023년 10월에는 7,700만 원의 매출을 올렸다. 2023년 매출액은 7억 원대다.

삶은 곱창 수출해 K-곱창 해외에 알리고 싶어

장 사장은 돈에 대해 큰 욕심이 없다. 많은 돈을 벌어도 보고 잃어도 봤기 때문에 돈은 필요한 만큼만 있으면 된다고 생각한다. 대신 꿈이 있다. 약초 넣고 삶은 곱창을 특허 내서 유통하는 것이다. 밀키트로 만들어 판매해도 승산이 있을 것 같다.

해외 수출도 해보고 싶다. K-콘텐츠의 인기로 해외에서 K-곱창이 인기가 많다. 외국인들이 약초로 삶은, 잡내 없는 〈도도곱창 건대본점〉의 곱창을 먹는다면 K-푸드의 위상이 더욱 높아질 거라고 생각한다. 시간과 노력을 투자해 만든 곱창이 세계에 알려진다면 그보다 더 좋을 순 없을 것 같다.

━━ 이경희(부자비즈 대표 컨설턴트)의 원포인트 ━━

높이 뛸 수 있는 벼룩을 컵으로 가둬두면 나중에는 컵을 치워도 자신이 더 높이 뛸 수 있다는 것을 잊어버린다. 경영도 비슷하다. 오랫동안 낮은 매출에 머물다 보면 그 상황에 익숙해져 변화에 도전할 시도조차 하지 않고 타성에 젖기 쉽다. 〈도도곱창〉은 무려 5년 넘게 지속된 낮은 매출을 극복했다는 점에서 이례적이고 드문 사례다.

〈도도곱창〉이 긴 적자의 터널을 벗어나 흑자로 전환하고 줄 서는 식당이 될 수 있었던 비결은 희망을 포기하지 않은 실행력이다. 제품 경쟁력을 기반으로 한 마케팅은 식당 매출에서 가장 중요한 요소라는 것을 보여주는 사례다. 소 곱창 메뉴 개발과 도입이 매출 상승의 신호탄이 됐다. 여기에 온라인 마케팅이 불을 지폈다. 매출이 낮을 때 마케팅 비용은 큰 부담이지만, 우리 상품을 알려서 매출이 오르면 마케팅은 비용이 아니라 투자가 된다는 점도 보여준다. 〈도도곱창〉은 테이블오더 도입 후 추가적인 매출 상승이 있었다. 테이블오더가 작업환경 개선이나 테이블 단가 증대뿐만 아니라 소비를 주도하는 젊은 고객 확대에도 기여할 수 있다는 것을 보여준다.

똑똑한 장사 Tip

스마트기술을 활용한 감성 소통

코로나 팬데믹은 언택트 시대를 활짝 열었습니다. 많은 사람들이 접촉을 꺼리고 비대면을 선호하고 있습니다.

하지만 이런 비대면, 언택트 시대에도 고객과의 진솔한 소통은 여전히 중요합니다.

디지털로 전환하고 스마트기술을 도입할 경우, 오히려 기술을 활용해서 고객 소통을 강화할 수 있는 방안도 많이 있습니다.

예를 들어 매장의 서빙 로봇에 고객 공모를 통해 친근한 이름을 지어주고 로봇의 캐릭터를 만들어 마케팅에 활용하면서 친밀감을 높일 수 있습니다.

키오스크나 테이블오더의 초기 화면에 주인장의 사진이나 캐릭터를 환영 인사와 함께 넣어서 환대할 수도 있습니다. 디지털 사이니지에 게시되는 상품이나 이벤트 정보 사이에 고객의 추억이 담긴 사진이나 고객이 남긴 글을 영상 편지로 넣을 수도 있습니다. SNS 댓글을 통한 소통이나 고객의 칭찬 리뷰를 디지털 사이니지로 상영할 수도 있습니다. 스마트기술을 통한 소통은 언택트 시대에 따뜻한 감성을 만듭니다.

7장

갈수록 늘어나는 무인 매장의 필수품, 스마트기술

1

26세 N잡러 청년의 스마트한 무인 창업 도전기

코니바니

상호	지역	규모	창업	도입 기술
코니바니	서울 홍은동	7평	2023년	키오스크

도입 효과

결제 속도 빨라져 고객만족도 상승,
고장 없어 사장의 삶의 질 향상

서울 홍은동에서 무인 아이스크림 가게 〈코니바니〉를 운영하는 김태현 사장(26)은 여러 가지 일을 하는 N잡러다. 무인 아이스크림 가게 운영 외에도 바리스타, 배달 라이더까지 직업을 3개나 가졌다.

첫 직업은 바리스타였다. 바리스타는 버는 돈에 비해 시간과 에너지 소모가 많았다. 배달 라이더도 육체적으로 힘들었다. 부가가치도 낮았다.

그래서 창업을 결심했다. 김 사장이 시간효율을 고려해 선택한 것은 무인 아이스크림 가게다. 그러나 무인 매장은 생각보다 만만치 않았다. 보이는 업무가 전부가 아니었다. **창업비용이 부족해서 중고 키오스크를 설치했는데, 그게 문제였다. 잦은 고장으로 고객이 호출해서 새벽에 불려 나갈 때도 한두 번이 아니었다.**

김 사장은 2023년에 이런 고충을 해결했다. 정부의 지원을 받아 신형 키오스크를 설치한 것이다. 26세 N잡러 청년의 무인 창업 이야기를 들어본다.

무인 아이스크림 가게를 선택한 이유

김태현 사장은 대학에서 식음료학을 전공했다. 주로 커피를 중심으

로 배웠다. 바리스타 자격증도 땄다. 카페에 취업해 바리스타로 1년
반 정도 일했는데 바리스타는 겉보기와 달랐다. 화려한 겉모습과는
달리 힘들었고, 시간 대비 효율성이 떨어졌다. 다시 진로를 고민하지
않을 수 없었다. 어떻게 하면 시간을 효과적으로 쓰면서 돈을 벌까
궁리하다가 무인 창업에 관심을 갖게 됐다. 창업비용을 고려해 선택
한 것이 무인 아이스크림 가게다.

  이미 레드오션이 된 무인 아이스크림 가게를 선택한 이유는 자신
이 있었기 때문이다. 다른 무인 아이스크림 가게를 많이 돌아다녀 봤

똑똑한 장사

는데 눈에 띄게 잘 운영되는 곳들이 없었다. **하향 평준화가 된 무인 아이스크림 가게들 속에서 조금만 더 잘 운영하면 성공할 수 있을 것 같았다.** 프랜차이즈 가맹점도 고려했지만 포기했다. 투자비가 부족했다. 더 큰 이유는 나만의 개성을 담은 매장을 만들고 싶었다. 여러 가지를 고려해 신중하고 꼼꼼하게 준비한 끝에 2023년 5월 서울 홍은동에 〈코니바니〉를 오픈했다. 총 창업비용은 보증금을 포함해 3,500만 원 정도 들었다. 매장은 7평 규모다.

26세 청년의 빛나는 감성경영

김태현 사장은 자신만의 개성이 담긴 무인 아이스크림 가게를 만들기 위해 다양한 방법을 썼다.

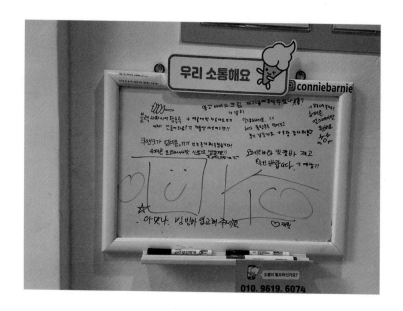

우선 '감성경영'이다. 익스테리어나 인테리어도 호불호가 없는 귀엽고 따뜻한 느낌을 주려고 신경을 썼다. 고객과 벽을 쌓는 것이 싫어 CCTV는 설치했지만 모니터는 띄워놓지 않았다. 도난 경고 사인물도 없다.

또한 '고객과의 소통을 강화'하기 위해 벽면에 화이트보드도 설치해 놓았다. 그곳을 통해 고객들은 필요한 물건을 요청할 수 있다. 가게에 대한 다양한 의견도 적어놓을 수 있는데, 김 사장은 가급적 빠르게 피드백을 한다.

툭하면 고장 나던 중고 키오스크 문제를 해결한 방법은?

애로점도 있었다. 무인 매장의 결제관리가 문제였다. 창업자금이 부

족해서 중고 거래사이트를 통해 중고 키오스크를 들여놓았는데 그
게 화근이었다. 툭하면 먹통이 되고, 오래된 기기라 네이버페이나 카
카오페이 같은 결제가 되지 않았다. 바리스타와 배달 라이더를 하다
가도 고객에게 연락이 와서 난감했던 적이 많았다.

　키오스크를 신형으로 바꾸고 싶은 마음이 굴뚝같았지만 20대 청
년의 자금 사정은 넉넉하지 않았다. 그런데 궁하면 통한다고 좋은 정
보를 얻게 된다. 중소벤처기업부와 소상공인시장진흥공단이 시행하
는 '2023년 스마트상점 기술보급사업'을 알게 된 것이다. 신청하고 마
음을 졸이며 기다렸는데 운 좋게 선정이 되어 최신 키오스크를 설치
하게 됐다. 원래는 정부 지원금이 70%였는데, 1인 사업자라 키오스
크 도입 비용의 80%를 지원받았다.

최신형이라 고객들이 가장 선호하는 결제 수단인 네이버나 카카오페이도 사용할 수 있고 기기의 먹통 사고는 아예 사라졌다. 결제 속도도 빨라져 고객만족도도 높아지고, 신형기기라 좁은 매장이 훨씬 빛나 보였다. 무엇보다 낮이나 저녁은 물론 새벽에도 키오스크 고장으로 고객 전화에 불려 나가던 일이 사라지니 삶의 질이 달라졌다.

월 소득은 250만 원… 천억 자산가가 꿈

〈코니바니〉의 상품 가격은 편의점보다는 300~400원 정도 저렴한 편이고 대형마트와 비슷한 수준이다. 원가율은 60% 선이고, 김 사장의 월 소득은 250만 원 선이다.

김 사장은 창업 초창기에 상품 소싱 능력이 부족해 재고관리에 애를 먹기도 했다. 그런데 이제는 노하우가 생겨서 재고관리에 문제가 없다.

김 사장이 〈코니바니〉를 안정적으로 운영하는 가장 큰 노하우는 무인 매장이지만 유인 매장처럼 운영하는 것이다. 무인 매장도 사장이 신경 쓰는 것만큼 매출이 나온다고 생각한다. 사장이 관리를 안 하는 가게는 고객이 먼저 알아본다. 김 사장은 하루에 3~4시간을 〈코니바니〉에 투자하고 있다.

김태현 사장은 2023년 공동 오피스 사무실에 개인 사무 공간을 마련했다. 나태해지지 않기 위해서 매일 아침 또래 소상공인들과 온라인 기상 독서 모임도 꾸리고 있다.

직업을 3개나 가진 N잡러 청년 김태현 사장의 꿈은 천억 자산가가

똑똑한 장사

되는 것이다. 부자가 되면 나뿐만 아니라 가족과 친한 지인들까지 함께 행복해지는 공동체를 만들고 싶다.

─── 이경희(부자비즈 대표 컨설턴트)의 원포인트 ───

인구 감소 시대에 무인 매장은 선택이 아니라 피할 수 없는 대안 중 하나로 부상하고 있다. 슈퍼, 아이스크림, 커피뿐만 아니라 냉동기술과 로봇 등 스마트기술의 발달로 음식점도 유·무인이 병행되는 사례가 많이 등장할 전망이다. 이런 시기에 과제는 스마트기술과 감성경영을 어떻게 결합하느냐이다.

김태현 사장은 자칫 삭막할 수 있는 무인 매장에 따스한 숨결을 불어넣었다. 나이는 어리지만 성숙한 생각으로 무인 매장을 경영하고 있다. 이용 고객 입장을 고려해 매장 내부를 비추는 도난 방지용 TV를 켜지 않은 것은 물론이고, 도난 경고 문구조차 붙이지 않았다. 김 사장은 수준 높은 고객 서비스 마인드를 보여준다. 일부 나쁜 고객 때문에 대다수 선량한 고객을 불쾌하게 하고 싶지 않다는 것이 이유다. 기술이 고도화될수록 인간이 소외되는 것이 아닌 인간이 중심이 될 수 있는 가능성을 26세 청년의 마인드에서 발견한다.

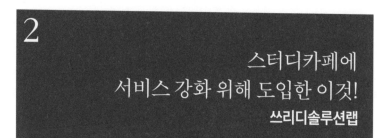

2

스터디카페에
서비스 강화 위해 도입한 이것!
쓰리디솔루션랩

상호	지역	규모	창업	도입 기술
쓰리디솔루션랩	서울 화곡동	47평	2019년	카드형 캡슐 커피 머신

도입 효과

고객 서비스 강화,
청결 및 관리 용이

무인 스터디카페에서 커피가 차지하는 비중은 높다. 1차적으로 공간의 쾌적함과 시설 수준이 중요하지만, 커피는 화룡점정 역할을 한다. 공부하는 고객들에게 없어서는 안 될 필수 음료가 커피이기 때문이다.

서울 화곡동에 위치한 〈24365스터디카페〉의 운영자인 신경식 사장(51)은 스터디카페에서의 커피의 중요성을 잘 안다. 그래서 2023년

도에 커피 서비스를 강화했다. 정부 지원을 받아 스터디카페에 스마트기술을 도입한 것이다. **기존의 동전식 커피 머신에서 카드형 캡슐 머신으로 교체했는데, 고객들의 반응이 아주 좋다.**

　신 사장은 스터디카페 외에도 공유오피스 사업과 3D 기술 컨설팅 등 다양한 사업을 하고 있다. 신 사장은 정부 지원사업을 적절하게 잘 활용하는 것이 경영에 큰 도움이 된다고 말한다. 정부에서는 소상공인들을 위해 다양한 지원사업을 추진하는데 상당수의 소상공인들이 정보를 몰라서 지원을 받지 못한다.

　스터디카페에 도입한 새로운 커피 머신은 스터디카페에 어떤 변화를 가져왔을까? 그리고 신 사장의 정부 지원사업 활용 비결은 무엇일까?

직장생활 20년… 퇴직 전부터 창업 준비해 스타트업 창업

신경식 사장은 20년 동안 직장생활을 했다. 첫 직장인 삼성중공업에서는 선박 설계업무를 했다. 그 후 17년 동안 신도리코와 삼성전자를 오가며 설계 업무를 했다.

그런데 직장생활을 하는 동안에도 언젠가는 직장을 그만두고 독립할 것에 대비해서 창업 관련 공부를 했다. 직장생활에 최종 마침표를 찍은 것은 2017년 5월이다. 신 사장은 이제는 정리할 때가 됐다고 판단해 미련 없이 퇴사했다. 그 후 6개월간의 준비 과정을 거쳐 2018년에 3D 프린터 기술개발과 교육 및 컨설팅을 하는 〈쓰리디솔루션랩〉을 창업했다.

스터디카페와 공유오피스 창업으로 수익모델 만들어

창업 초기에는 매출 부진으로 어려움을 겪었다. 수익모델을 만들기 위해 도전한 것이 무인 스터디카페이다.

사실 스터디카페는 이미 4년 전부터 구상해놓은 아이템이었다. 2010년대 중반 직장생활을 하며 대학원에 다닐 때 1세대 스터디카페를 체험했다. 체험을 통해 미래에는 이런 공간이 인기를 얻을 것이라고 예측했다. 생각만 하지 않고 집에서 가까운 장소도 물색해뒀다. 신 사장은 오랫동안 구상했던 계획을 실천에 옮겨 2019년도에 〈24365 스터디카페〉를 창업했다. 기존 브랜드의 이름만 빌렸고, 내부 무인 시스템 구축은 신 사장이 직접 했다. 총 1억5,000만 원 정도의 창업비용이 들었다.

스터디카페의 출발은 월 1천만 원대의 매출을 올리며 나쁘지 않았다. 그러나 코로나19 발생과 경쟁업체의 등장으로 매출이 조금씩 하락했다. 또 다른 수익모델이 필요했다. 신 사장이 다음으로 구상한 것은 공유오피스였다.

신 사장은 3D 기술 컨설팅 회사인 〈쓰리디솔루션랩〉을 운영하며 가산동에 있는 지식산업센터에 자주 갔다. 그곳에서 많은 창업자들을 만나면서 이들에게 가장 필요한 것이 사무 공간임을 알게 됐다. 마침 지식산업센터에 분양받아 놓은 공간이 있었다. 그렇게 2022년 〈창업공간 비아〉라는 브랜드를 론칭하며 공유오피스를 오픈했다. 공

유오피스는 20평 규모다. 창업비용은 3,500만 원 정도 들었다.

스터디카페와 공유오피스는 여러 사업의 구심점 역할
신 사장은 축구에서 빌드업하듯이 하나씩 하나씩 준비해 창업했다.
3D 기술개발과 컨설팅을 하는 〈쓰리디솔루션랩〉과 〈24365스터디카
페〉, 공유오피스인 〈창업공간 비아〉까지 3개의 사업을 하고 있다. 신
사장이 하는 3개의 사업은 모두 별개의 것처럼 보인다.

　**그러나 중심에는 창업자들이 있다. 창업을 하고자 하는 사람들에게
기술을 제공하고, 컨설팅과 교육을 하고, 그들이 필요로 하는 공간을
임대한다.** 신 사장의 주된 수익 창출 수단은 스터디카페와 공유오피

스이다. 신 사장이 하는 전체 사업 매출의 70%를 차지한다.

스터디카페 서비스를 향상시킨 스마트기술은?

한때 잘 나가던 스터디카페가 요즘은 하향세다. 신 사장의 스터디카페도 초창기에 비해 매출이 절반으로 줄었다. **스터디카페의 떨어진 경쟁력을 강화하기 위해 신경식 시장은 정부 지원사업을 활용했다.** 중소벤처기업부와 소상공인시장진흥공단이 시행하는 '2023년 스마트상점 기술보급사업'에 신청했는데 다행히 선정됐다. 신 사장이 도입한 기술은 카드형 캡슐 커피 머신이다.

기존의 커피 머신은 동전형이라 요즘 트렌드와는 맞지 않았다. 또한 원두커피 그라인드를 사용했는데 청결은 물론 관리에도 어려움이 있었다. 카드형 캡슐 커피 머신으로 바꾼 후로는 커피 맛도 좋아지고

편리해져서 고객 서비스가 훨씬 나아졌다. 커피 맛이 중요한 스터디 카페의 경쟁력이 향상된 것이다.

커피 머신 도입에 들어간 자부담금은 120만 원 정도다. 전체 기술 도입비의 70%는 정부에서 지원받았다. 소상공인 입장에서는 큰 비용이다. 평소 신 사장이 정부 지원사업에 관심이 많았기에 정보를 쉽게 알 수 있었고, 혜택도 누릴 수 있었다.

창업자들의 플랫폼이자 비즈니스 아지트

신 사장은 항상 자금이 부족한 소상공인에게 정부 지원사업을 잘 활용하라고 조언한다. 정부 지원사업을 몰라서 혜택을 못 받는 소상공인이 많다. 항상 관심을 갖고 주시하고 있으면 좋은 정보를 얻을 수 있다. 정부 지원사업에 선정된 후에는 공짜 돈이라고 생각하지 말고 제대로 활용해야 성공적인 결과를 낼 수 있다.

신 사장은 자신이 운영하는 스터디카페와 공유오피스가 창업자들에게 하나의 플랫폼이 되기도 하고, 사업가들의 아지트가 되기를 희망한다. 이 플랫폼이 주축이 되어 서로 지식을 나누고, 협업을 통해 공생할 수 있는 창업생태계 공간이 되는 것이 신 사장의 바람이다.

——— 이경희(부자비즈 대표 컨설턴트)의 원포인트 ———

공유비즈니스와 무인 업종이 확산되면서 N잡 사업자들도 늘어나는 추세다. 공간임대업이나 무인 업종은 사업 운영에 투자하는 시간을 최소화할 수 있어 사업자가 여러 가지 일을 병행할 수 있다. 특히 컨설팅이나 교육, 프리랜서 등 고학력 지식서비스업이나 문화, 예체능계 종사자들은 소득이 불안해 고정 소득을 얻을 목적으로 공간임대업이나 무인 창업을 선호한다. 자유로운 직업을 갖고 싶어 하는 MZ세대와 단순한 경제활동을 원하는 고령자들에게도 이런 사업이 인기다. 공간임대업이나 무인 업종 운영에 스마트기술을 잘 활용하면 운영의 편리함은 물론 저렴한 비용으로 고객 서비스를 개선해 사회후생을 높여주는 효과도 기대할 수 있다.

무인 매장에는 스마트기술 도입이 필수

업종이나 상권 특성에 따라 다르지만 무인 매장의 확산은 피할 수 없는 흐름입니다.

무인 복사 가게, 무인 달걀 가게, 무인 탁구장, 무인 당구장, 무인 태닝숍, 무인 사진관이나 스튜디오, 무인 카페나 무인 편의점, 무인 노래방, 무인 식품점, 무인 헬스장 등 무인 매장 천국이라 해도 과언이 아닙니다. 무인 매장은 24시간 운영이 가능하여 사람이 상주할 필요가 적거나 구인이 어려운 분야에 적용할 수 있습니다.

현재는 무인 출입 인증이나 CCTV, 키오스크, 무인 판매기, 디지털 사이니지 등 초보적인 수준의 스마트기술을 접목한 무인 매장이 많지만, 시간이 흐를수록 무인 매장은 고도화될 전망입니다. 스마트 선반을 통해 재고관리와 자동주문을 하고, Iot 기술을 활용해서 실시간으로 재고 상태를 파악할 수도 있습니다. 지능형 CCTV를 통해 고객을 관리하고 원격으로 매장 내 장비를 통제할 수도 있습니다. 로봇이 매장 청소를 하고 스마트 락커를 통해 제품을 반품하게 할 수도 있습니다. 스마트기술은 갈수록 늘어나는 무인 매장의 필수품입니다.

8장

스마트기술

1인 매장을 행복하게 해준

1인 안경점에 신의 한 수가 된 스마트기술

글라스뷰 안경원

상호	지역	규모	창업	도입 기술
글라스뷰 안경원	서울 안암동	18평	2020년	키오스크, 스마트미러

도입 효과

스마트기술이 제2의 직원 역할,
고객 응대 원활, 매장 운영 효율 상승

서울 성북구 안암동 고려대학교 앞에서 〈글라스뷰 안경원〉을 운영하는 윤영섭 사장(42)의 삶은 코로나 이전과 이후로 나뉜다. 코로나19 동안 주고객층이던 학생들이 학교에 안 나오면서 매출이 뚝 떨어졌다. 함께 일하던 직원들이 그만뒀고, 현재도 코로나 이전의 매출을 회복하지 못해 직원 채용은 엄두도 못 내고 있다.

1인 안경원의 가장 큰 애로점은 한 번에 손님이 몰릴 때 일일이 응대

를 할 수 없다는 것이다. 놓치는 손님도 많다. 윤영섭 사장도 언제 손님이 몰릴지 몰라서 항상 긴장 상태다.

　2023년 윤영섭 사장의 이런 어려움을 해결해준 든든한 파트너가 생겼다. 키오스크와 스마트미러다. 중소벤처기업부의 지원으로 스마트기술을 도입해 유용하게 쓰고 있다. 스마트상점 기술을 도입한 1인 안경점에 어떤 변화가 일어났을까?

안경사로서 자부심 갖고 창업에 도전

윤영섭 사장은 대학에서 안경광학을 전공하고 안경원에서 직장생활

을 시작했다. 중간에 군대를 다녀온 기간까지 6~7년 정도 안경사로 일하며 경력을 쌓았다.

안경사는 전공을 해야 하고 국가 자격증이 필요한 전문직이다. 아무나 할 수 없는 일이고 고객의 시력을 책임진다는 점 때문에 직업에 대한 자부심이 크다. 많은 안경사들의 목표가 안경점 창업이듯, 윤사장도 경력을 쌓은 뒤 서울 고려대학교 부근 안암동로터리에 안경원을 창업했다. 처음에는 프랜차이즈 가맹점으로 매장을 열었으나 쇼핑몰 중심으로 운영하던 가맹 본사와 사업 방향이 안 맞은 적도 있고, 동업을 하는 가맹 본사 대표들 간의 상표권 다툼이 일어나는 일도 발생했다.

똑똑한 장사

윤영섭 사장은 프랜차이즈 브랜드의 한계를 느끼고 〈글라스뷰 안경원〉이라는 브랜드를 만들어서 상표권을 등록하고 개인 매장으로 재창업하였다. 그때가 2020년이다.

코로나19 복병… 매출 2배 하락했지만, 홍보도 쉽지 않아

독립매장은 거래처 발굴과 제품 구성을 직접 해야 하므로 일이 많았다. 하지만 자율적으로 운영할 수 있어 마음은 편했다. **매출이 점점 올라 영업도 안정되고 인생의 전성기를 맞이했다고 생각할 무렵 복병이 나타났다. 코로나19가 발생한 것이다.**

대학가 앞이라 과거에도 방학 때는 매출이 떨어지곤 했는데 코로나 팬데믹으로 학생들이 아예 학교에 나오지 않게 되자 매출은 2배 가까이 떨어졌다. 그런 상황에서도 할 수 있는 게 없었다. 안경원은 '의료기사에 관한 법률'에 따라 홍보에도 제약이 많다. 함께 일하던 직원도 퇴사하고 1인 매장을 운영하면서 2년이라는 시간을 그저 버티는 수밖에 없었다.

이후 코로나19가 지나가면서 많은 자영업자들의 매출이 회복세를 보였지만, 〈글라스뷰 안경원〉은 여전히 코로나 이전의 매출을 회복하지 못했다. 한번 단골이 되면 쉽게 거래처를 바꾸지 않는 안경원의 특성상 코로나 기간 중에 동네 안경원을 이용했던 학생들은 여전히 동네 매장을 찾기 때문이다.

다행히 대학 신입생들이 새로운 단골이 되고 있다. 언제 와도 새 매장처럼 쾌적한 분위기와 윤영섭 사장의 세심한 서비스 덕분이다.

1인 안경원 애로점 해결한 비결은?

직원 없이 혼자 안경원을 운영하다 보면 어려움이 많다. 안경원은 시간대에 상관없이 불쑥불쑥 손님이 찾아오는 경우가 많아 쉽게 자리를 비울 수 없다. 손님이 한꺼번에 몰리기라도 하면 진땀이 난다. **안경 특성상 한 손님을 응대하는 시간이 30~40분 걸리는데, 그때 다른 손님을 응대할 수 없어 그냥 보낼 때도 많다.**

그런 윤 사장의 고충을 잘 알고 있던 안경사 선배가 유용한 정보를 알려줬다. 바로 중소벤처기업부가 시행하는 '2023년 스마트상점 기술보급사업'이다. 스마트상점 기술을 도입하면 기술도입 비용을 정부

똑똑한 장사

에서 지원받을 수 있다. 해마다 지원 조건이 조금씩 달라지지만 2023년에는 도입 기술 유형에 따라 정부가 최대 500만~1,500만 원까지 지원해줬다.

가뭄에 단비 같은 정보를 얻은 윤 사장은 곧바로 관련 서류를 준비해 사업에 신청했다. 경쟁이 치열해 안 될 거라고 생각했는데, 다행히 선정되어 키오스크와 스마트미러를 도입할 수 있었다.

이제 키오스크와 스마트미러는 윤 사장의 든든한 파트너이자 동료다. 시력검사, 가공, 피팅까지 보통 한 명의 고객을 응대하는 데 30, 40분이 걸린다. 윤 사장이 손님을 응대하는 동안 다른 고객들은 키오스크나 스마트미러를 보며 기다리는 시스템이 정착됐다. **키오스크를 통해 콘택트렌즈 착용법이나 관리법을 볼 수도 있고 스마트미러는**

안경테 선택에 도움이 된다. 여러 종류의 안경테를 착용하면서 시뮬레이션도 하고 사진도 찍어보며 나에게 맞는 안경테를 고르는 데 도움이 된다. 키오스크와 스마트미러가 응대 직원 역할을 하는 셈이다.

안경원 단골을 만드는 비결은?

팬데믹 기간 동안 대학가 앞이 셧다운 상태였지만 〈글라스뷰 안경원〉이 버틸 수 있었던 것은 오랜 단골 덕분이다. 대학 졸업 후 직장인이 되어 찾아오는 단골도 있다. 졸업 후 다른 지역으로 갔던 고객이 경상도나 전라도에서 찾아올 때도 있다. 좋은 상품을 판매하고, 딱 맞게 안경 피팅을 해주고, 시력검사 등 서비스가 세심하고 전문적이기 때문이다.

단골이 많은 또 다른 이유는 지역사회의 시력 주치의라는 생각으로 고객관리를 하는 것이다. 고객에게 무료로 시력검사를 해주고 변하는 시력에 맞게 안경을 착용할 수 있도록 돕고 있다. 17년 차 안경사 윤 사장은 그동안 쌓아온 노하우가 많다. 가령 안경 피팅은 단순해 보이지만 5년 이상 경력이 쌓여야 제대로 할 수 있다. 그런 노하우를 바탕으로 고객 눈 검사도 꼼꼼하게 해주고, 안경 관리법이나 콘택트렌즈 관리법 등을 세심하게 상담해 주다 보니 신뢰가 생기고 단골들이 많

똑똑한 장사

이 쌓였다. 요즘 저가 품질로 가격파괴를 하는 매장도 많은데 〈글라스뷰 안경원〉은 정찰제를 지키면서 좋은 품질을 제공한다. 안경의 패션화가 트렌드여서 기능적이면서도 얼굴과 잘 어울리는 제품을 추천하기 위해서도 노력한다.

오랜 단골들과 신규 고객을 위해 윤 사장은 변함없이 안경원을 지킨다. 오전 10시에 출근하면 오후 10시까지, 12시간 가까이 안경원에서 하루를 보내는 그의 바람은 다시 직원을 쓸 수 있을 만큼 매출이 오르는 것이다. 앞으로 안경업계에 가격 정찰제가 자리 잡는 것도 윤 사장의 바람이다.

—— 이경희(부자비즈 대표 컨설턴트)의 원포인트 ——

구인난, 갈수록 줄어드는 영업이익, 과도한 경쟁이 소상공인들을 1인 사업자로 몰고 있다. 스마트기술은 10시간, 12시간 매장에 갇혀 과로에 시달리는 소상공인들에게 엔젤로 부상하고 있다. 일손을 덜어줄 뿐 아니라 고객 서비스 개선도 도와준다.

윤영섭 사장은 스마트기술 덕분에 손님이 한 번에 몰려도 조바심내지 않고 매장을 찾는 고객을 더 정성껏 대할 수 있게 됐다고 말한다. 아직은 골목상권 디지털 전환이 초기지만 이렇게 작은 것부터 디지털 전환을 경험한다면 기술 고도화를 통해 감성적인 서비스와 전문적인 관리의 조화를 기대할 수 있게 될 것이다.

2

9평짜리 1인 디저트카페 성공시킨
일등 공신은?
복순이네디저트카페

상호	지역	규모	창업	도입 기술
복순이네디저트카페	인천 부평	9.5평	2022년	키오스크

도입 효과

주문 실수 줄고
손님 응대 원활해져 운영 효율 상승, 인테리어 효과

카페 창업은 많은 사람들의 로망이다. 예쁜 공간에서 커피를 내리는 일이 꽤 근사해 보이기 때문이다. 그러나 카페에는 보이지 않는 일이 많다. 고객 응대부터 음료 제조, 청소와 설거지, 마케팅 등 해야 할 일이 한두 가지가 아니다. 1인 카페라면 이 모든 것을 사장 혼자서 해야 한다.

인천 부평에 위치한 9평짜리 〈복순이네디저트카페〉는 1인 카페다.

똑똑한 장사

이곳을 운영하는 천시내 사장(42)은 1년을 갓 넘긴 초보 사장이다. 처음 카페를 시작했을 때는 매장도 작아 별 어려움이 없을 것 같았다. **그러나 막상 뚜껑을 열고 보니 1인 카페 운영은 만만치 않았다. 특히 손님이 몰리기 시작하면 혼이 나가 주문 실수를 하기도 했다.**

그랬던 천 사장에게 구원투수가 등장했다. 정부 지원사업으로 도입한 키오스크가 1인 카페의 어려움을 해결해줬다. 천 사장은 어떻게 1인 카페의 애로점을 해결하고 안정적으로 운영하게 됐을까?

동네에 매물로 나온 카페를 인수

경기도 파주에서 태어난 천시내 사장은 20대에는 카페에서 아르바이트도 하고, 바텐더로도 일했다. 회사에 들어가 사무직으로 근무한적도 있다. 그러다가 2018년도에 결혼한 뒤로는 살림만 했다. 그렇다고 쉬지만은 않았다. 동호회 활동도 하고, 베이킹 자격증도 땄다.

　그러던 어느 날 항상 오고 가던 동네 길에 있는 카페가 매물로 나온 것을 발견했다. 마침 베이킹 자격증도 딴 상태여서 자신이 운영하면 어떨까 하는 생각이 들었다. 카페 아르바이트 경험이 있어서 자신감이 있었다. 자신감과 추진력을 발휘해 결국 2022년 12월에 카페를

인수했다. 9.5평 크기 매장의 총 창업비용으로 3,500만 원 정도 들었다. 카페 이름은 반려견 이름인 '복순이'을 넣어서 〈복순이네디저트카페〉로 지었다.

6개월간 계속된 적자… 수박 주스로 매출 반등

기대 반 걱정 반으로 카페를 오픈했는데, 한동안 적자가 계속되어 힘든 시간을 보냈다. 6개월 후 운영자금이 바닥났을 때는 눈앞이 깜깜했다.

그런데 6개월이 지나자 신기하게도 매출이 올랐다. 매출 회복의 시

발점은 '수박 주스'였다. 2023년 5월부터 수박 주스를 판매했는데, 90% **원물 그대로 만든 주스라 반응이 좋았다.** 동시에 다른 메뉴까지 덩달아 주문이 늘어났다.

매출 향상을 견인한 또 다른 비결은 반려견 '복순이'이다. 〈복순이네 디저트카페〉에는 항상 복순이가 있다. 사랑스런 외모와 성격으로 손님들의 사랑을 독차지하고 있다. 복순이를 보기 위해 카페를 찾는 손님들이 있을 정도다.

1인 카페 운영의 구원투수 등장

복순이와 함께하기에 외롭지 않은 카페 운영이지만, 애로점도 많다.

가장 큰 것은 손님이 한꺼번에 몰리는 경우다. 주문받고 메뉴 만들고, 메뉴 만들고 주문 받다 보면 정신이 없어 주문 실수도 하고, 놓치는 손님도 많았다.

천 사장은 문제점을 해결할 방법을 찾아봤다. 다른 카페들처럼 키오스크를 설치해 보고 싶었으나 비용 부담 때문에 망설여졌다. 그러던 중에 눈에 번쩍 뜨이는 정보를 얻었다. 중소벤처기업부와 소상공인시장진흥공단에서 시행하는 '2023년 스마트상점 기술보급사업'이 그것이다. 스마트기술을 도입하면 정부에서 70%를 지원해주는 사업이었다.

기대를 갖고 신청했는데 경쟁률이 치열해 될까 싶었다. 그런데 운이 좋게 선정이 되어 2023년 8월에 키오스크를 설치했다. 비용은 많이 들지 않았다. **1인 매장은 취약계층으로 분류돼 도입 비용의 80%까지 지원된다. 총비용 270만 원 중 80%를 국비로 지원받았다.**

키오스크 설치 후 여유와 안정감을 찾다

키오스크의 효과는 기대 이상이었다. 손님이 몰릴 때 주문과 결제에 신경 쓰지 않고 메뉴 제조에만 신경 쓸 수 있어서 운영 효율이 좋아졌다. 손님들이 직접 주문하기 때문에 주문에 실수할 일도 없다.

음료 제조에만 집중하자 설거지하느라 나빠졌던 손목 관절도 좋아졌다. 또한 키오스크가 매장 입구에 설치되어 있어, 매장이 썰렁하지 않고 인테리어 측면에서도 좋다. 전체적으로 매장에 안정감이 생긴 것이 가장 큰 효과라고 생각한다.

편리한 서비스로 단골 증가··· 애견 전문 카페 도전해 보고 싶어

매장이 안정화되자 찾아오는 고객들도 편안해하고 있다. 거기에 손님들과 대화하는 것을 즐기는 천 사장의 친화력과 사랑스런 복순이가 더해져 꽤 많은 단골을 확보했다. 앞으로 손님들에게 편안함을 줄 수 있는 동네 아지트가 되는 게 목표다.

천 사장은 나무보다 숲을 보는 경영을 하고 싶다. 좀 더 나아가 반려인으로서, 펫프렌들리 카페를 넘어 애견 전문 카페로 사업을 확장해보고 싶은 계획도 있다. 사람과 반려동물이 함께 어우러지는 그런 공간을 만들어보고 싶은 게 개인적인 꿈이다.

—— 이경희(부자비즈 대표 컨설턴트)의 원포인트 ——

국세청 통계 자료에 따르면 2024년 1월 기준 국내 커피 매장 수는 9만 3천여 개다. 이중 메이저 브랜드를 제외하면 전체 커피점의 80~90%가 영세한 소형 매장이며 1인 매장도 많다. 커피 단가가 저렴해 1인 카페의 경우 근무 환경 개선이 시급한데 키오스크 설치가 큰 도움이 된다. 계산은 키오스크에 맡기고 음료에만 집중할 수 있기 때문이다.

〈복순이네디저트카페〉 인근의 상권을 분석해보면 남성 고령자 비중이 높아 이들을 타깃으로 하는 메뉴 개발도 고려해 볼 수 있다. 여름철 효자 메뉴였던 수박 주스 매출을 대체하려면 최근 카페의 겨울 메뉴로 인기를 얻는 전통차와 블렌딩 티를 강화하는 것도 고려할 수 있다. 신메뉴는 키오스크 화면을 활용해 마케팅하면 판매증진에 도움이 된다.

똑똑한 장사 Tip

국비 지원받아 스마트기술 도입!

스마트상점 기술보급사업에 참여하려면

중소벤처기업부와 소상공인시장진흥공단이 추진하는 〈스마트상점 기술보급사업〉은 ▲서빙 로봇 ▲키오스크 ▲3D프린팅 ▲테이블오더 ▲체형측정기 ▲전자칠판 ▲스마트 업소용 음식물처리기 ▲스마트 해충살균소독기 ▲스마트 공기청정기 등 소상공인이 매장에 필요한 스마트기술을 도입할 때 국비로 기술도입비를 지원해주는 사업입니다.

지원 금액이나 지원 비율은 해마다 조금씩 다르며, 적게는 기술 도입 금액의 50%까지, 많게는 80%까지입니다. 2023년에 일반형 기술은 최대 500만 원, 미래형은 최대 1,500만 원까지 지원되었으며, 2024년에는 일반형 기술이 최대 500만 원, 미래형은 최대 1,000만 원까지 지원됩니다.

취약계층인 1인 사업장, 장애인 기업, 간이과세자는 최대 80%까지 지원됩니다. 자부담금 납부가 어려운 사업자는 소상공인시장진흥공단과 제휴되어 있는 '하나카드 원더카드'를 이용하면 무이자 할부로 자부담금과 부가세를 납부할 수 있습니다.

*지원내용은 매년 달라질 수 있으니 소상공인시장진흥공단 소상공인스마트상점 홈페이지를 통해서 확인하세요.